沟通经典

Communication

TONGUE FU！

舌功学

不树敌的对话法

[美] 山姆·霍恩◎著 王甜甜◎译

光明日报出版社

图书在版编目（CIP）数据

舌功学 / (美) 山姆 · 霍恩 (Sam Horn) 著 ; 王甜甜译 . -- 北京 : 光明日报出版社 , 2016.9

ISBN 978-7-5194-1431-3

Ⅰ . ①舌… Ⅱ . ①山… ②王… Ⅲ . ①语言艺术－通俗读物 Ⅳ . ① H019-49

中国版本图书馆 CIP 数据核字 (2016) 第 171608 号

版权登记号：01-2013-7946

舌功学

著　　者：［美］山姆 · 霍恩　　译　　者：王甜甜

策　　划：双螺旋文化
责任编辑：黄海龙　　责任校对：傅泉泽
装帧设计：水玉银文化　　责任印制：曹　诤
特约编辑：唐浒　申海　　特约技术编辑：张雅琴　杨骏　黄鲁西

出版发行：光明日报出版社
地　　址：北京市东城区珠市口东大街 5 号，100062
电　　话：010-67078248(咨询)，67078870（发行），67019571（邮购）
　　　　　010-63497501、63370061（团购）
传　　真：010-67078227，67078255
网　　址：http://book.gmw.cn
邮　　箱：gmcbs@gmw.cn
法律顾问：北京德恒律师事务所龚柳方律师

印　　刷：北京中印联印务有限公司
装　　订：北京中印联印务有限公司
本书如有破损、缺页、装订错误，请与本社联系调换

开　　本：700×960　1/16
字　　数：131 千字　　印　　张：16.5
版　　次：2016 年 11 月第 1 版　　印　　次：2016 年 11 月第 1 次印刷
书　　号：ISBN 978-7-5194-1431-3

定　　价：39.00 元

对《舌功学》的盛赞 Tongue Fu!

《舌功学》专注于人际关系这一重要话题，实用且通俗易懂。许多故事完美地诠释了那些即刻可用的理念，告诉我们如何能更好地与人相处，无论对方是谁，无论何时何地。假如人们能够按照书中罗列的永恒的原则为人处事，这个世界将会变得更加宁静和谐。《舌功学》注定会成为经典之作。

——杰克·坎菲尔德
《心灵鸡汤》的作者

《舌功学》中包含了令人愉悦、使人能够脚踏实地——而非纸上谈兵——的工具。无论老幼都需要学习这本书，从而在人与人之间创造联系，而不是彼此疏远。

——苏珊·杰弗斯博士
《感受恐惧，勇敢去做》《终结挣扎，与生活共舞》的作者

对任何一个需要与公众打交道的人而言，这本书就是一座金矿。伟大的力量蕴藏于两点之中，其一就是霍恩那无懈可击的理念。在她之前，亚伯拉罕·林肯、本杰明·富兰克林、戴尔·卡内基等人已经为后人留下了关于与人相处的思想遗产。现在，她又为这笔遗产增添了新的财富——与人相处需要技巧。其二就是她使用的案例。

这真的是一本综合详尽的实用手册，告诉你如何前进——同时邀请他人一起同行。

——《管理书摘》

在这本令人心情愉悦的书中，我发现了许多能为日常生活所用的实用智慧。在关于高效沟通和改善关系的众多图书中，这本书是我看过的最好的书之一。一项重要的工作——快乐阅读，快乐学习以及快乐应用。

——丹·米尔曼

《和平战士之路》《思想法则》的作者

沮丧？试试舌功学吧！这些“快速穿越挫败”的语言技巧将帮助你保持内心平和。

——《芝加哥论坛报》

这是一本极好的书，囊括了各种有针对性的语言的“再编程”程序，告诉我们如何通过更好的沟通使我们更好、更有效地完成与他人的对话。

——安东尼·罗宾

《唤醒心中的巨人》《激发无限潜能》的作者

《舌功学》的主题之一就是帮你学会拒绝他人而不必心怀愧疚。作为一名讲座、讲坛上的常客，霍恩为我们提供了一个令人惊叹的战略宝库……其中储存的各种拒绝策略可以帮助你不失尊严地全身而退。

——《家庭圈》

山姆·霍恩是语言界的黑带高手，她知道该如何应对话语攻击……她的新书《舌功学》传授的并不是能够打败对手的语言空手道，而是如何友善地将冲突消灭于无形中的宝典。

——《西雅图时报》

这本自助书专注于沟通——尤其是如何洞悉你的愤怒、尴尬和挫败感，并以一种有建设性的方式应对他人。各种故事和行动方案……使整本书看起来生动有趣。

——《檀香山星快报》

通过专注于现实生活中面对言语挑战时的实际反应，而不是罗列各种理论和陈词滥调，作者为我们提供了一本关于自我话语保护技巧的便捷手册。霍恩的书生动、实用，是一本能够被反复使用，深受各大公共图书馆青睐的指南。

——《图书馆期刊》

你还在寻找合适的字眼，力求让对方无言以对？也许，霍恩女士能够说服你：还有更好的沟通方式。她传授的技巧使你能够从容应对恃强凌弱者、抱怨者、任性的孩子以及各种愤怒的人。她的武器就是友善、同理心和一点点超然。她以她惯用的敦促读者的幽默方式，用各种逸闻轶事带领我们直击冲突最深处。

——《达拉斯早报》

只要使用霍恩列出的战略，就能改变你对他人的态度，还能改变其他人对待你的方式。这本书中充满了各种化解冲突的外交技巧。

——《外交杂志》

《舌功学》实用且有意义，它常常提醒读者，关键并不在于你说了什么，而是你如何说。这是一本行为指南，它告诉你如何在一个不那么友善的世界里保持友善，以及如何才能将其他人当成自己的支持者而非竞争者。有了《舌功学》这本书，你必定能轻松化解言语冲突。

——《成功会议》

如果你面对话语欺凌时不是默默忍受，就是反唇相讥，霍恩能够帮你。她的书为你提供了各种建议和练习，从而使你在下次遇到咆哮者、抱怨者或强势的语言武士时，不仅能够坚守自己的阵地，还能够做到不失优雅和尊严。

——《女经理人》

一次又一次，你总是成为话语攻击的靶心。攻击可能来自你的朋友、同事、客户，又或是你爱的人。如何才能缓和对方的攻击同时维护好双方的关系呢？这正是山姆·霍恩在她的《舌功学》中探讨的问题。

——迈克尔·勒巴夫
《如何赢得客户并守住他们》的作者

话语具有强大的能量，或治愈伤痛，或造成伤害。这本书赋予了你选择的能量，使你能够在家庭和工作中使用充满爱的语言，即便你身边的人们并非如此。这并不仅仅是一次自信力的培训，还是一门关于关系的课程。

——保罗·皮尔索尔
《非常夫妻生活》的作者

任何一个想实现自己最大潜能的人都必须阅读《舌功学》。书中充满了富含能量的信息。山姆·霍恩凭借写作使自己成为了一名赢家。

——大卫·麦克纳利

《老鹰也需要助推》的作者

明理，敏锐，易读，易实践；应对胶着环境的绝佳建议！

——苏珊·罗恩

《怎样搞定一屋人》《内行人网络的秘密》的作者

希望本书能够作为一项现存的遗产告慰我的父母，

沃伦·里德和鲁丝·里德，

是你们为书中的原理提供了素材和范例……

也希望我的儿子们，

汤姆·霍恩和安德鲁·霍恩，

能够继承这项遗产，并且善加利用书中的理念，

将生活当成是一种祝福，而非负担。

目　录 Tongue Fu!

第三部分　将冲突转化为合作

第四部分　得到更多你想要的，你需要的，还有你应得的

致谢

多多积累朋友财富。

——威廉·莎士比亚

我的朋友财富确实丰厚。在此，我想感谢几个重要的人，是他们的帮助让《舌功学》得以出版问世。

夏威夷大学的项目专家大城雷博士，感谢您最初对我演讲事业的鼎力支持。1989年，正是您提议我开发一门关于如何与难相处的人打交道的课程，从而指引我走上了现在这条路。

尊敬的行为研究的执行董事凯伦·瓦格纳，谢谢你一直以来悉心料理公司事务，并且将有关协同的知识倾囊相授。三个臭皮匠（当其中一人为凯伦时），绝对赛过一个诸葛亮！

毛伊岛作家会议的创始人兼主管约翰·图利乌斯和香侬·图利乌斯，感谢你们创办这一世界课堂的远见，使我的写作事业得以一飞冲天。

谢谢你们，迈克尔·拉森和伊丽莎白·帕马达——这两位卓越且有口皆碑的代理兼赞助者，感谢你们一次又一次地退回我的稿件，并且问我："这是你能做到的最好的吗？"

感谢圣马丁出版社的詹妮弗·埃德林，你无疑是这个世界上所有作家都梦寐以求能与之合作的编辑，感谢你为这本书投入的热情和耐心。

最后，感谢我的妹妹，谢利·格林姆·马哈娄，谢谢她一直以来的陪伴。我十分珍惜和她一起度过的这四十多年时光，以及她那从不间断的支持。

前言

你们想不想知道这本书究竟是如何诞生的？

1989 年，持续教育项目专家大城雷博士让我为夏威夷大学设立一个探讨如何与难相处人士打交道的公共研讨班。我和他都留意到了同一个趋势：各组织机构的培训需求越来越迫切，他们希望借助培训来帮助雇员学会如何应对粗鲁的顾客以及不合作的员工。

在为这个研讨班创建课程的过程中，我渐渐明白了为何在应对令人难以接受的行为时，大多数人都会显得措手不及。在学校里，学生们只能学习到历史、数学和科学知识，却从未学过任何解决矛盾的方法。结果，当他们受到他人的不正当对待时，往往不知道该做些什么或说些什么。他们通常都会选择以牙还牙（RIK：Retaliating in Kind）或默默忍受（SIS：Suffering in Silence）。然而，这两种方法都无济于事。

我的目标就是找到实用的解决方法，让人们能够即刻应用于日常生活中遭遇到的类似挑战。我不想把时间浪费在理论研究上。当有人冲你大喊大叫或为了并非你的过错的事对你大加责备的时候，陈词滥调并不能帮你走出困境。

第一次研讨班刚刚开始一个小时，我就已经知道自己找准了方向。在上午的课间休息时间，一位与会者并没有起身离开自己的椅子。他坐在那里，眼睛注视着远方，慢慢地点着头。我走过去，问他在想什么。

他说："山姆，我是一名地产经纪。我的一些客户不仅要求极高而且为人傲慢。他们似乎觉得可以用任何自己喜欢的方式对待我，我已经厌倦了这一切。我来参加这个研讨班就是为了找到有力的反击方式，让他们回到自己应该的位置上。这不就是这个研讨班的目的所在吗？”

看到他能够如此迅速地把握住这个课程的精髓，我感到很高兴。我点头：“你说的没错。当人们进退两难时，躲避、发狂或进攻都不能解决问题。”

他继续说道：“我练习武术。我学过空手道、太极、合气道和柔道。你所说的就像是一门语言功夫，不是吗？”我说：“没错。这是一种……一种舌头功夫！”我们望着对方，哈哈大笑起来。就是它！用它来命名这门学问真是再恰当不过了！

从那时开始，我为各种各样的团体组织开办过数百个研讨班讲座，参与者从青年总裁俱乐部的员工到美国国税局的审计员，再到檀香山警署的工作人员，几乎涵盖了各行各业。与会者们要求我写一本以此为主题的书，从而能让他们把研讨班上提到的理念带回家，反反复复地学习、思考，并且和自己的朋友、家人及同事分享这些宝贵的财富。

舌功学总览

没有志愿者就没有受害者。

——无名氏

功夫（一种注重内在修行的中国武术）的目的就是消除、缓和或扭转他人的肢体进攻。舌功学（一门注重内在修行的思维艺术）的目的是消除、缓和或扭转他人的心理攻击。这是一种自我防卫的话语形式——一种能够替代言语冲撞或缄默不语的富有建设性的沟通方法。

舌功学的目标就是学会如何用信心调动自己的行为，从而使你远离话语虐待。即便冲突在所难免，你也能够运用这些招数武装自己的思维和口舌，有技巧地保护自己不受伤害。当你面对一张富有侵略性的脸时，你再也不会思维崩溃，只能在无助和绝望中挣扎了。

舌功学不仅可以用来对付不公正或不友善的行为，事实上，它更像是一种生活哲学，一种能够帮助你在生活和工作中更好地与每个人沟通的方法。你将学会如何规避冲突，创建合作，以及如何在对方不顾及他人或表现残酷的时候依旧选择保持友善。

没有人喜欢和难相处的人打交道，然而这也是生活的一部分。书中的理念能够帮助你有技巧地缓和与这种人相处时的紧张氛围，使你的私人和职业人际关系不再剑拔弩张，而是变得更加愉悦。你将学会数十种机智且不会激发对方斗志的回击技巧，当他人贬低你的时候，你能够保护自己。最后，你还会学到如何在坚持自身立场的同时又不妨碍他人的技巧，从而使你既不会受伤害也不会伤害别人。

作者的话

我父亲过去常常对我说："好点子比比皆是，如果你不将它们化做行动，它们就一文不值。"我深知，只要你遵循舌功学的原则并学以致用就一定能够从中受益。

如果你不断将这些理念应用于生活中，你的想法变成现实的可能性就会随之增大。我最喜欢的一位老师常说："好记性不如烂笔头。"所以，当你阅读这本书的时候，请拿起手中的铅笔（除非你看的书是从图书馆里借来的），标记出要点，在边缘处留下自己的笔记。当你发现一条恰好适合自己或当下需要的建议时，不妨把它记在索引卡片中，并完整地记录在自己的记事簿或家中的布告栏里。你是否曾听过这样一句话——"眼不见为净"。反之亦然。只要你时刻都能看到自己的行动计划，你就会把它们牢牢记在心里。这些不断出现在你眼前的提醒将会帮助你把自己看到的知识学以致用。

我能引用你的话吗？

智者的智慧和老者的经验因为引证而不朽。

——本杰明·迪斯雷利

迪斯雷利是对的。在本书中，各种引文随处可见，我希望你能因此而将这些永恒的真知灼见应用于日常生活。只要有可能，我都会给出引文的出处。不过，你会发现许多引文全都出自于博学而多产的“无名氏”。还有一些则来自参加研讨会的人，只是他们已经想不起其具体的出处；有些来自于书本，并非某一个特定的个人，另外还有一些则取材于我的电脑屏保。

此外，你还会在书中看到许多定义。在字典里查询某个熟悉的词语常常会给你带来不一样且令人欣喜的视角。每当我对一个词语有了更深层次的理解时，我都会欣喜万分。希望你能发现我在书中苦心营造的各种启示。

学习他人

我们应该从他人的错误中吸取教训。我们没有时间逐一亲身体验。

——格劳乔·马克斯

我想对那些与我分享其个人案例的研讨会参与者表示感谢，你将会在书中读到他们的故事。人们常说：“医生是通往健康的捷径；教练是通向职业巅峰的捷径；老师是通向知识的捷径。”这些舌功学妙计的贡献者们慷慨地与大家分享了自己的故事，从而使你能够从他们的经验中受益，不必再经历试验——失败的学习过程。我希望他们睿智的洞察力能够成为你的一条捷径，使你能够轻松应对那些“麻烦的人”。

贾瓦哈拉尔·尼赫鲁指出：“留给我们的只有一件事，一件无法被夺走的事情——鼓起勇气，带着尊严去坚持那些赋予你生命意义的理想。”而理想就是“一个卓越的标准……一个终极目标或奋斗的目的”。

你也许会认为舌功学是一种理想主义。没错，它是，而且它是有效的。成千上万名舌功学的学习者就是最好的证明：只要你有勇气以不失尊严的方式对待那些粗鲁无理的人，你就能让你的生活变得更有意义，你从生活中获得的回馈也会更丰厚。以日常生活为基础，秉持这些理想，最终，你在工作、家庭和社区生活中的每次人际接触的结果都将会得到极大的改善。

TONGUE FU!

第一部分

回应，而不是反应

第一章

快速穿越挫败

愤怒距离危险仅一步之遥。

——无名氏

当有人对你说不公平或不怀好意的话时，你会怎么做？

你是会因为不知该说些什么而保持缄默，还是会脱口说出一些事后让自己后悔不迭的话？又或者，你是不是会在回家的路上反复思量，直至斟酌出一个完美的回答？

有时你明明没有犯错，其他人却冲着你大喊大叫或百般指责，这时，反语相向是一种很自然的反应。你可能会觉得，“这太不公平了”或“这人真是个混蛋”；又或者，你认为“我就拿那么一点钱，何苦受这份气”。尽管这些反应乃人之常情，完全可以理解，但它们只会让事情变得更加糟糕。为什么？不假思索地说出自己的感受只会制造出一种对立的氛围，并且令消极情绪恶化升级。事实上，跟着自己的初始反应走通常只会造成更多伤害，于事无补。

从现在开始，我们的目标是三思而后言。本章会教授你一些技巧，使你变得才思敏捷，在受到言语攻击时再也不会不假思索就反唇相讥。

问问自己："我的感受如何？"

我犯过的所有错误，目睹过的所有蠢事，以及我的所有过失全都是缺乏思考的行为所致。

——无名氏

如何才能学会三思而后言？你需要明白，当你责怪某人时，你看待问题的视角可能完全是从自己的观点出发。因此，你不妨从对方的角度出发，问自己一些能够帮助你转移情绪的问题，"我的感受如何？""假如我处在他们的立场上，我又会做何感想？""如果这样的事情发生在我身上，我会怎样？"这些问题的作用就在于它们能够让你设身处地体验他人的处境，从而消除你的敌意。

也许，你不喜欢某个人的行为，这些共情问题恰恰能够帮助你理解它们。正如孔子说的，己所不欲，勿施于人，花时间了解造成这些令人讨厌行为的原因是宽恕该行为的第一步。

将恼怒转变为共情

共情是最能体现成熟度的标志之一。

——舌功学

一位研讨会的参与者写信与我们分享了他使用这些共情问题成功转移情绪的经历。

"我母亲的最后三年时光是在养老院里度过的。每周六，我都会开车去探望她。她每次都牢骚满腹，抱怨连连，所以我曾一度非常害怕周六。她向我埋怨她的室友，抱怨没有人来探望她，并且就身体的病痛向我诉苦。"

“后来，我问自己：‘如果我一周七天，每天都得在床上躺十八个小时，我的感受会如何？如果我压根就不喜欢某个人，可这个人就住在距离我只有六英尺远的地方，还经常把电视开得很大声，吵得我无法思考，我会有何感想？假如日子一天天过去，却没有一个孩子抽出一小时的时间来探望身为母亲的我，我会怎么想？如果每天早上起来我都感到周身疼痛，而且我知道余生的每一天都将如此，我的感受又会如何？’”

“问自己‘我的感受会如何’，将我从自私的沮丧感中拖了出来。当我花时间去思考我母亲每天都过着怎样的生活，当我停下来回想她曾为我做过的一切，我猛然意识到花几个小时陪伴、支持她是我最起码应该为她做的，也是我能为她做的一点小事。”

如果你不喜欢别人对待你的方式，你还有一个选择。你可以不假思索地做出回应，拿出一点爱去面对他们，或是你可以花一两秒钟的时间从他们的角度出发看待事情，然后让自己的心灵回复平静。

进攻 VS 同情

如果我们能够有意识且经常地带着关心去对待他人，这样做对我们以及整个社会产生的效果将会令人震惊。

——亨利·查尔斯·林克

在培训的后续会议中，一家大酒店预定部的经理为舌功学妙计贡献了自己的亲身经历。“前台工作常常会令人感到沮丧，因为我们处在接待工作的最前沿。这意味着所有出现问题的麻烦事都会飘进我们的耳朵。我们听人们抱怨航班延误、行李丢失、排队等出租车，甚至还有客人向我们抱怨糟糕的天气。”

“就在我参加研讨会后的第二天清晨，一对浑身湿透的夫妇走进了酒店，来到前台。我向他们解释说，酒店的入住时间为下午三点，他们需要再等几个小时才能住进预定的房间。那位年轻的先生很显然已经精疲力竭，听完我的话，他立刻发火了：‘你这话什么意思，我们现在不能住进我们的房间？我们是来度蜜月的！我们已经整整三十六个小时没合眼了。现在，我们累得几乎站都站不稳了。’”

“我继续解释说，因为一场大型会议，我们目前没有空房。参会人员要等到闭会午餐结束后才能退房。这对新婚夫妻顿时大发雷霆。那位丈夫似乎以为只要他与我争辩的声音足够大，时间足够长，我最终就会给他们安排一个房间。结果他越坚持，我就越生气。”

“就在我快要发火的时候，我想起了之前在研讨班上学到的技巧，突然意识到我一直都只考虑自己的感受。我问自己：‘当我已经筋疲力尽，腿都站不直的时候，有人告诉我必须再等六个小时才能入住，我会有何感受？如果墨菲定理决定将我原本浪漫的蜜月变成一场噩梦，我又会作何感想？’”

“当我开始从他的角度看待整件事之后，一股巨大的同情感顿时将我包围，我对他及其新娘的不幸遭遇深表同情。一分钟之前，他还是个讨厌的家伙；现在我已经原谅了他，因为我开始设身处地从他的角度思考问题。我给了他们一张免费的自助早餐券，并且安排他们临时借用我们用于款待客人的多功能小套间，使他们能够换上泳装，在沙滩上小憩一阵。当天的晚些时候，他们回到酒店，感谢我之前为他们做出的种种体贴安排。”

这位酒店经理通过自身经历发现了共情方式的价值。她让自己设身处地地从顾客的立场出发，而不是坚守自己的立场，这使得她能够带着同情去回应而不是怀着一种轻蔑的态度去看待对方。

问自己："他们为何会如此难缠？"

弱者永远都无法原谅他人。谅解是强者的特性。

——甘地

还有一个问题同样能够帮助你原谅和忘却，你想知道这个问题是什么吗？你只需要问自己："他们为何会如此难缠？"

我和儿子安德鲁顺路走进我们当地的一家冰激凌店，为他的生日买甜点。店里挤满了人，有的要圣代，有的要奶昔，还有的要一些更复杂的冰品。柜台后面只有一个面带倦色的高中女孩在忙碌着。她尽量以最快的速度接待每一位客人，然而，她越匆忙，落下的订单就越多。

在度过了漫长的三十分钟后，她终于叫到我们的号。我把小票递给她，告诉她我要三夸脱撒有巧克力碎片的冰激凌。我的这个要求显然成了压垮她的最后一根稻草。她双手叉腰，用一种难以置信的口吻说道："三夸脱巧克力碎片冰激凌！？你知道把巧克力从这些容器里弄出来有多不容易吗？"

假如不是因为我是舌功学的倡导者，我一定会忍不住用一些严厉无情的话反唇相讥："嘿！不好意思！如果我没弄错，这里是冰激凌店吧？"这种带有讽刺意味的回答并不会让我和她感觉更好受。所以，我管住了自己的舌头，转而问自己："她为什么会这样说？"我意识到她一定累坏了，于是，我用一种充满同情意味的口吻问道："今天的工作不好干吧？"

她的敌意立刻消失了。她长长地叹了口气，说道："哦，是啊！今天一整天，店里都只有我一个人。我从早上十点一直忙到现在，一分钟都没休息。本来我一小时之前就该下班了，可是老板到现在还没来。"她继续向我诉说心中的不悦，同时帮我包好了我们要的冰激凌。当我们离开时，她冲我们露出了一个大大的微笑，还友好地跟我们挥手道别。这就是舌功学的力量！那个看似简单的问题帮我和她重新回到了一个积极的视角。

这些技巧如何使你受益

如果你在愤怒时能保持片刻耐心，你将因此免去此后一百天的伤心时光。

——中国谚语

“我有何感受”和“他们为何会这样做”这两个问题能够帮助你，使你能够感性地回应对方，而不是以嘲讽反唇相讥。即便你不确定是什么导致对方采取充满侵略性的行为，花几秒钟思考他的动机也能阻止你说出任何将来会让你后悔的话语。

一位参加研讨班的学员对此提出了异议：“我不同意这个观点。如果有人搅得我心烦意乱，我一定要说出来让他知道！如果出格的那个人是别人，我为什么就得扮演和事佬？”

这位与会者提到漫画家阿什利·布里连特就曾经在他的一部漫画标题中指出：“当我是正确的一方时，为何我应该自愿妥协？”

是啊，你为何应该花费时间和精力去弄明白为什么对方会如此不友好呢？因为你能从中受益。

无论是过去、现在还是将来，这个世界从来都不缺麻烦难缠的人。维琴尼亚·萨提亚指出：“我们决不能允许他人用其有限的感知来定义我们自己。”反过来，我们也决不能用自己有限的感知定义其他人。急躁往往是无知的副产品。当你想厉声回击那个考验你耐性的人的时候，请不要忘记你对他的蔑视可能来源于你对他所处境遇的有限认识。如果你想让某人为其令人不悦的言行付出代价，你也会与他一起为自己的行为买单。使用共情问题能够使你不至于为坏情绪所困，从而陷入一场永远没有胜方的冲突之中。

假如错的是他们呢？

看不见欺侮总比报复欺侮强。

——圣力嘉

另一位对此表示怀疑的与会者说出了自己的观点："我还是有所疑惑。如果冰激凌店的那个女孩当天过得挺好呢？如果她只是因为不称职才表现如此呢？难道我也得完全忽略她那糟糕的服务态度吗？"

问得好！如果试图扭转对方糟糕行为的意图失败了，你还有其他选择。你可以告诉自己，那个人的行为并不值得你去报复他，你需要做的就是对此耸耸肩膀，一笑而过。或者，你并不愿意以忽略的方式鼓励对方的这种坏行为。如果你决心就此人的行为与之理论，你不妨尝试按照以下四个步骤来交涉，如此一来，你获得满意结果的可能性将大大提升。

步骤一、抑制住责备无礼雇员的冲动。你从斥责对方获得的任何满足感都只是昙花一现。你的发作只会让他脑海中"那些人都是猪"的观点更加根深蒂固，并不会促使他改变态度，而且还会扼杀所有能够使问题圆满解决的机会。

步骤二、礼貌地询问："请问你叫什么名字？"这个简单的问题足以促使该雇员用更加友好礼貌的方式对待你。为什么呢？因为他不再是一位匿名者。他意识到他将会为自己的无礼服务负责。

步骤三、陈述你作为顾客的权利和愿望。"我一直都是这里的老顾客，我也愿意和你们继续做生意。请你和我说话时对我表示尊重，从而使我有再次光顾你们的意愿。”

步骤四、假如你试图营造一种更和谐氛围的努力没有见效，你可以要求见他的上级主管（如果主管当时不在，你可以询问他／她的姓名便于你在电话或邮件中继续跟进此事）。

当主管出现的时候，你需要遏制住将所有责任都推到这位雇员身上的内心冲动。如果你在投诉雇员无礼行为时表现粗鲁，负责此事的人相信和支持该雇员的可能性就会更大。以一种优雅的方式向其汇报此事，你就会得到严肃对待的待遇。

汇报时请保持镇定，措辞应当礼貌得体且具有明确的目的性：“我知道你为自己的商店感到骄傲，因此我想你也许想知道有个人的行为已经危害到了你们的声誉。”向主管解释之前发生的一切，调动其想维护声誉的意愿。“我之所以会找你是因为这件事与你们一向坚持的高品质服务背道而驰。对此，我们能做点什么呢？”

我就某位雇员的无礼行为向其上司投诉的情况屈指可数。每一次，我都会遵照这四个步骤，只是做法稍有差异，而接待我的主管无一例外最终都会向我道歉，并且为员工的抱歉行为对我做出补偿。

选择成为一个富有同情心的人

我们可以是正确的，或者我们可以快乐。

——**奇迹课程**

当某人表现得极难相处时，我们不仅能够做到宽容大度，而且这也是更可取的做法。这一理念正是舌功学的构建基础。如果你想要其他人快乐，多多锻炼自己的同情心。如果你想快乐，多多锻炼自己的同情心。如果有人伤害了你，那并不代表以牙还牙的做法就是正确的。这样做只会让你们双方都不开心。

歌德注意到：“按照人们应该的样子对待他们，你就帮助他们成为了他们能够成为的那个人。”面对令人不悦的人时，选择用共情的方式去回应而不是带着怒气反击，你通常能将对方的敌意转化为友善，从而避免了愤怒情绪的产生，在这一过程中，你和其他人都会感到开心。

快速穿越挫败的行动计划

试想你正在电影院里排队等候买茶点。柜台后的两名服务生无法及时满足顾客的需求。电影马上就要开始了，看起来你不可能在电影开始前拿到自己的茶点了，慢半拍的服务让你很不高兴。你会做出何种回应呢？

失败的话	可用的话
你可以板起脸。 “你们老板为什么不多雇几个人呢？这太可笑了。”	你可以做出回应且表示同情。 “他们已经竭尽所能以最快的速度在工作了。只不过他们人手不够。”
你可以表现得很不耐烦，火冒三丈。 “他们为什么不动作快一点？我已经等了十分钟了。”	你可以体谅对方，并通过共情从对方立场出发。 “如果换成是我面对这么多顾客，我会作何感受？”
你可以因为对方的错误行为责备他们。 “你们应该知道这是热门电影，从而提前安排更多人手。”	你可以放松，选择做个有同情心的人。 你带着友好的微笑说道：“请给我两份原味爆米花和一杯果汁。”
你可以继续只从自己的观点出发看待问题。 “这儿的服务太差。我再也不会来这里。我花十五块钱可不是来这儿排队的。”	你可以站在对方立场上，快速穿越自己的挫败感，原谅他们。 “我可以让自己保持平静，忘记这件小事。这并没什么大不了的。”

第二章

以幽默应对争辩

如果你能嘲笑它，你就能忍受它。

——爱尔玛·邦贝克

有没有什么问题是你不想开口问的？有没有哪件事让你一想起来就满心焦虑？

你完全可以成为幽默（舌功学的第一个近亲）大师。心中满揣着应对各种事件的回应方案，使那些可怕的问题和情况再也无法令你神经紧张，心力交瘁。

在旧金山机场，我“偶然遇到”的一个足智多谋的年轻人完美地诠释了幽默的理念。当时我正沿着自动人行道穿越机场大厅，前方的一阵骚动引起了我的注意。一个个子很高的男人向我这边走来，许多人对他指指点点，捂着嘴偷笑。众人的无礼令我吃惊，我心想，他们这样做实在是不能原谅。

随着那个男人逐渐走近，我终于明白为什么大家会取笑他了。他穿了一件T恤衫，上面赫然印着“不！我不是篮球运动员！”几个大字。当他从我身边走过时，我扭过头念了一句，然后就立刻哈哈大笑起来。他T恤衫的背面写着：你是赛马骑师吗？

我觉得必须跟这个年轻人谈谈，于是跳下自动人行道，追了上去。最终我追上他，气喘吁吁地问道："你这件奇妙无比的 T 恤衫是从哪儿买的？"

他咧开嘴，露出一个大大的微笑，回答说："这不算什么。我家有满满一抽屉这样的衣服。我最喜欢的一件上面写着'我有六英尺十三英寸高，这上面的天气很不错！'"他继续解释道，"从十六岁到十八岁，我几乎每年都长高一英尺。那时候，我根本不愿意离开家，因为无论我走到哪里，人们都会对我做出一些自以为是的评价。最后，我妈妈对我说：'如果你不能打败他们，那就加入他们。'这个主意就是她想出来的。现在，我特别期待外出，因为现在的我很享受自己的身高，而不再像以前那样为此感到尴尬。"

多聪明的人啊！假如有人或事令你感到困扰，以此为乐而不是为此感到沮丧难道不更好吗？

你的敏感热键是什么？

为什么我的父母可以一击即中我所有的敏感热键？答案很简单，那些都是他们安装上去的。

——一面墙上的涂鸦

定义你的敏感热键。什么会导致你发火或心理失衡？尤吉·贝拉说："笑声就是冲击减震器，它能够缓解来自生活的打击。"你不妨现在就开始收集针对不那么好笑的话语攻击的心理康复素材。

我们又何尝不愿意有人为我们准备好连珠妙语呢？当大卫·尼文主持 1974 年奥斯卡颁奖典礼时，活动的主办方提前邀请了一位不速之客（那一年正是裸奔盛行的时候），为此，大卫事先自创了一段俏皮话以防万一。正如他所料，在颁奖典礼进行到一半的时候，一个裸体男人冲上舞台，尼文正好搬出了他那看似即兴发挥的台词："大家想一想。那个人得到的唯一笑声来自于炫耀他的……短处。"这简直太棒了！

既然我们大多数人都不能依靠专职的笑话创作者为我们准备生花妙语，我们就只能自己创作。

在每次舌功学会议上，与会者都会开展头脑风暴，为那些最令自己胆寒的场景准备回应招式。一名成功的职业妇女说她以前最害怕别人问她有什么学位。"我没上过大学，所以这个问题常常会让我惊慌失措。有一次，我出席一个产业会议并上台演讲，一位观众问我在哪儿读的大学。起初，我根本不知道该如何作答。突然，我灵机一动，回答说我在 UHK 读的大学。提问者有些困惑地问道：'那是什么学校？'我微微一笑，回答说：'艰难生活大学（University of Hard Knocks）。'提问者闻言轻声笑了笑。我以这样一种幽默的方式让自己如释重负，从这以后我一直如此回答。"

一位精神矍铄的老绅士承认自己最讨厌被问及年龄。"这让我感到很不舒服。我的年龄是我自己的事情，和其他任何人无关。到底要怎样才能让人们不再问我如此隐私的问题呢？"我们研讨班的同学集思广益，想出了许多令人忍俊不禁的回答。由于这位绅士是位高尔夫爱好者，所以他最喜欢的答案是"我已经到了后九洞"。

一对三十多岁的夫妇表示他们真的再也不想被人追问："你们俩到底打算什么时候要孩子？"他们很喜欢一位研讨会同学给出的提议：装出一副十分惊讶的表情，大叫"我们就知道我们一定忘了什么"。他们还可以用"你为什么这么问呢"来回避过于隐私的问题。这种机敏的回答足以让对方知道他们的提问已经触及了你的隐私底线。

震惊 VS 逗乐

也许，一个人必须得等到很老的时候才能学会被逗乐而不是感到震惊。

——赛珍珠

舌功学的基础在于，当有人说了不那么体贴的话语时，你应当学会被逗乐而不是感到震惊——这很重要。总是会有人对你说出一些不合时宜的话。这些伤人的话其实本不会刺到你，除非你允许它们伤害你。你需要做的就是让自己的内心变得厚实。

我永远都不会忘记有个女人曾对我说："当有人对我说'哦，你又胖了不少'的时候，我该怎么回答呢？当人们评价说'你更丰满了，不是吗'的时候，他们的话真的大大伤害了我。"说这话时，她的痛苦之情溢于言表。

如果对方所言是事实，你可以带着一种持保留态度的"微笑"答道："对啊！"然后迅速转换话题。你也可以用一种自嘲式的幽默回答说，"没错，我正在节食"，或"我一点都不胖，只是水平直径比别人略大"。假如对方心存不良，故意想要你难堪，你还可以用"我们说完了吗"这样的回答隐晦地向对方问责。秘诀就在于对他人触及底线的话语不予理睬，也不要给对方机会使他们能够继续说出第二句让你难堪的话。你只需平静地回应，然后将谈话引向其他话题。

一位妈妈生下第二个孩子几个月后体重依然居高不下，她就常常会听到一些毫不客气的评价，譬如"你不是生完了吗"或"你还打算再要一个孩子吗"。对此，她会拍拍自己的肚子，扬一扬眉毛，带着一副夸张的表情反驳道："这些是我们家孩子留给我的。"然后就立刻转换话题。

在一次我为美国国家税务局设计的培训课程上，一位审计师就和大家分享了他和他的同事如何用舌功学化解粗鲁行为的故事。“所有走进我们办公室的人都对我们充满敌意，把我们看成他们的敌人，压根就不想来这儿。我们并没有因为人们这种不公正的敌意而愤怒（我们也是人），相反，我们在一个布告栏上贴满了国税局或收入转移署里流传的各种滑稽故事和图片。在一张照片里，一位审计员正在告诉市民：‘秘密就是别再把它当成是你自己的钱。’这些卡通画让公众知道我们也是人。当纳税人看到这些笑话和我们的‘对不起，我们来了’标志时，他们的态度变了——变得更好了。”

学习使用幽默的力量没有年龄界限。我的两个儿子因为姓“霍恩”（Horn）在学校常常被同学取笑。过去，他们常常会因为被同学戏称为“霍尼”（Horny，有角的）而难堪。我们知道只要能想出一个幽默的回应方式，这种言语戏谑就会终止。当然，这需要不止一次的头脑风暴才能实现。最终，汤姆和安德鲁找到了最完美的回击方法。他们的回答“那是我们的名字，请你大声地叫”轻而易举就让大事化小，小事化了。如果你也有令你尴尬的特点，不妨找来朋友，大家一起寻找一个最合适的回答方法。随后你就会发现，原本令你痛苦不堪的事情原来也能给你带来欢乐。

不予置评

祸从口出。

——舌功学

面对那些真正粗暴可恶的指责（例如：心怀不轨的“你什么时候才能不打你老婆？”），你需要做的就是保持沉默。为什么？鲍勃·蒙克豪斯说过的一句话非常好地回答了这个问题：“沉默不仅是金，而且绝少会被错误引用。”你甚至连“我不打算回答这个问题”都不用说。一旦你开口，就等于上了钩，只会落得被对方奚落的下场。

相反，你可以引入一个与之相关的话题，将谈话引向其他方向。在一次晚间电视秀上，一位著名影星就是用这种方法成功地击败了对方。主持人对她的电影事业作出了一种相当不友好的评价：“可不可以这样说，综合你演过的所有电影，你被定义成了一位性感艳星，不是吗？”

能够看得出，主持人这种笼统的归类让女演员十分不悦，她不想浪费十五分钟的时间在聚光灯下讨论这种没意义的话题。她转向主持人，没有与他争辩（等同于进一步强调）对方对她电影角色的归类，而是微微一笑，轻快地反问道：“说到电影，你想不想看一段我的新电影片花呢？”在没让主持人难堪的同时，她巧妙地跳过了他的评论，将谈话引向了一个更有建设性的话题。

学会笑对生活

我很快就发现，当我让别人笑的时候，他们就会喜欢我。我永远都不会忘记这一点。

——**包可华**

吉姆·佩利来自北加州，是我的朋友，也是一名职业演讲师。吉姆绝对称得上是舌功学中的黑带高手。他的足迹遍布全国，为《财富》五百强企业开展以工作中的幽默为主题的宣讲会，同时也为他自己创办的趣味十足且信息丰富的简报《笑声的效用》募集捐款。吉姆早就承诺一定会把简报上关于一位机舱乘务员的头条故事告诉我。这位乘务员不仅自己笑对生活，还帮助其他人也这样做。

吉姆说，在一次跨海岸的长途航班上，他旁边坐了一位极其难应付的人。这个人满脸不高兴，抱怨说所有的一切都不如意：他随身携带的行李塞不进头顶的行李舱；他自己则不得不挤在机舱中间那排正中的位置上；起飞两个小时后乘务员才开始发午餐——这也是让他最无法忍受的——午餐甚至都不是热食，充其量只能算餐间点心。这位难应付先生咬了一口他的三明治，立刻将它扔回餐盘，然后怒气冲冲地按下了服务键。

机舱乘务员很快就出现了，她很有礼貌地询问道："您好，先生，您有什么需要？"难应付先生将三明治推到她面前，咆哮道："这个三明治糟糕透了！"

乘务员看看他，然后将目光慢慢移向三明治。

之后，她又望向他，之后眼光再次飘向那个三明治。

最后，她收回目光，凝视着这位难应付先生，冲着餐盘里的点心竖起一根手指，摇了摇，然后用一种责备的口吻说道："糟糕的三明治，糟糕的三明治！"

那个男人立刻坐直了起来。吉姆说，他再也忍不住了——他哈哈大笑起来。一阵让人不知所措的沉默过后，这位凡事都不满意的乘客也笑了起来，此后，他一直很安静，也很配合乘务员的工作。

在那之后，吉姆找机会在后舱找到了那位乘务员，对她的处理成果表示祝贺。"这太棒了。你是临时想到这样做的吗？"她回答说："我已经在天上飞了25年。很久以前我就学会了如何更好地应对那些难应付的乘客，因为每次航班上至少都会有一名这样的乘客。除非我让他们转变态度，不然，他们会一直找茬，让我和飞机上的所有人在整个旅途中都感到不自在。"

"我和其他伙伴们谈过——那时，我们就是这样称呼自己——询问他们如何应对难堪的情景。当我们的航班排队等待起飞，前面有十六架飞机尚未起飞，而机上的每一位乘客都将因此错过下一个航班时，我该怎么办？当我们的航班出现机械故障，不得不返航时，我该如何向乘客们解释？我收集了许多逗趣的说辞使我能够从容应对飞机上发生的任何事件。”

她接着说道：“我曾向自己保证，无论发生什么事都不能丢掉幽默感！我绝不能让任何人——无论他的行为多么令人愤怒——毁掉我的飞行旅途。你都不知道这一决定救了我多少次！”

正如马克·吐温说的那样：“幽默是一件伟大的事情，毕竟，它能挽救很多事情。伴随它的出现，各种愤怒和仇恨一扫而光，取而代之的是一种欢快和谐的气氛。”你能向自己保证，无论发生何事都不丢掉自己的幽默感吗？它能使你轻松地以笑声化解挑战，而不是在咒骂声中应付难题。

轻松地生活

笑对生活总比为生活高唱挽歌强。

——圣利嘉

有一次，我参加国家演说家协会举办的会议。会议结束后，我在酒店办理退房，我非常幸运地站在了鲍勃·墨菲的身边。这位来自得州纳卡多奇斯市的前参议员是我有幸见过的所有人当中最风趣的一个。一位酒店服务生推着一个行李车从他身边走过，车上放着一盆硕大的盆栽植物。鲍勃目送它离开，然后慢条斯理地说道：“我猜，一定是有条狗点了客房服务。”他身边的人闻言顿时大笑起来，笑声过后，我问鲍勃：“你是怎样想到这么有趣的点评的？”他回答说：“你只需要用一双微笑的眼睛去打量这个世界就不难想到。”

从现在开始，让自己的幽默感随时候命。梅尔·布鲁克斯的发现无疑是正确的：“只要你环顾左右，你就会发现生活中从来都不乏喜剧。”假如有人质问《今晚秀》的主持人杰·雷诺，而他又以连珠妙语予以还击，你一定要记住这些话。假如你正在看喜剧频道或是在报纸上读到了一则令你忍俊不禁的笑话，请你把它们都记下来（并注明出处）。即便你犯了错，也别忘了幽默一把，并借机戏弄自己一下。通过在正确的时机寻找笑声，你能够让自己在紧张的形势中依旧保持镇静，而不是惊慌失措。

如果你想获得更多如何以幽默应对争辩的信息，不妨去买一本“快乐分子”艾伦·克莱因写的《幽默的治愈力量：如何有技巧地克服失落、挫败、沮丧、失望、困难、磨炼、苦难和所有一点也不好笑的事情》并好好研读。这本精妙的参考书介绍了如何以数十种被克莱因称为“笑话柔道”的方法化弊为利。其实，帮助你笑对人生的方法很多，关键就在于你要有一双微笑的眼睛。

以幽默应对争辩的行动计划

你失业了，正在四处找工作。在度过了数月搜寻招聘广告和疲于面试的生活后，你终于得到了两个前景光明的就业机会，可是它们都还没有最终确定。如果此时有不止一个人问你：“你的工作找得怎么样了？”对方并无恶意，可你自己并不确定你的表现是否能为你赢得这份工作。这时，你该如何回答呢？

失败的话	可用的话
你可以让其他人按下你的敏感热键。 “假如再有一个人问我工作找到没有，我一定会发火。”	你可以事先想好答案回应那些令你恐惧的问题。 “嗯，有人让我上门推销‘无招聘’标志，被我拒绝了。”
你可以为灾祸感到沮丧或绝望，并将它当成是一个沉重的负担。 “我永远都找不到工作了。我已经花了几百个小时的时间，可还是一点成效也没有。”	你可以拿灾祸来取乐。 “我没打算这么早就退休。现在这样的好处是周一到周五我都是自由的，我可以去儿子的游泳队帮助他们训练。”
你可以诅咒生活，让人们都讨厌你。 “他是什么意思，难道是说我没钱了吗？”	你可以保持幽默感，无论发生什么事。 “我不可能缺钱。我还有支票。” ——格雷西·艾伦
你可以痛恨那些欠考虑的问题，并为那些愚蠢的评价而愤怒。 “凭什么要我回答这么愚蠢的问题？他难道想不到如果真找到工作了，我不早就告诉他了吗？”	你可以从谚语中收集各种妙语，然后带着一双微笑的眼睛去看这个世界并使用它们。 “今天，我路过一家商店，它的橱窗里挂着两块牌子，‘招工’和‘自助服务’。于是，我走了进去，聘请自己为我服务。” ——史蒂夫·莱特

第三章

用聊天帮助人们解决麻烦

劝说人们情况不会恶化，这没有错！

——舌功学

当一个不开心的人开始向你倒苦水的时候，你会怎么做？你会试图安慰他吗？

也许，你没有意识到，那些怀着善意初衷的话语，例如“事情没那么糟糕”或“看开些，凡事总有好的一面”根本无法宽慰一个伤心的人，相反，那只会让他更加悲伤。如果你试图和他们讲道理——“你不能指望自己第一次就做到尽善尽美”或“你明天就会感觉好多了”——那只会加剧他们的痛苦。当人们遇到麻烦，他们需要的是同情，而不是解决办法。

使用心理治疗师的工具

没有人需要建议——他们只需要确证。

——约翰·斯坦贝克

下一次，当你想关心某人的时候，不妨使用心理治疗师的工具，和其透彻地谈谈他的问题，而不是试图帮助他解决问题。

心理治疗师的工具是什么？简言之，这个工具就是重新阐述某人已经说过的话，从而达到确认、理解并追随其思路的目的。心理治疗师们不会表明他们是否认同自己听到的话语，他们只是简单地用一种升调的语气复述这些话。

假如一名病人告诉心理治疗师“我一个朋友也没有”，这位治疗师不会回答说：“我相信你至少有一个朋友。”这种善意且现实的提醒不会减缓病人心中的孤独感，恰恰相反，它只会让病人觉得治疗师是在指责他。没人明白这是为何，但事实如此。

心理治疗师会尝试帮助病人探索自己内心的真实感受。通常来说，治疗师会通过复述自己听到的话来实现这一目的，而不是轻视对方的话。在上文提到的感觉孤独的病人案例中，治疗师也许会回应说：“你觉得自己一个朋友也没有？”

他的病人接下来就会详细阐述自己的这一感受：“是的，我在一个有一百多人的大办公室里工作，可是没有人和我说话，除非是和工作有关。我感觉自己是一个没有地位、受大家排挤的人。”

这时，心理师不会插入自己的评论或建议，他只会再次复述对方的话：“也就是说，你单位的同事们不太关注你？”

“是的，只要你不是那个圈子里的成员，他们就会当你不存在。”病人则会继续其精神发泄，倾诉其因为被孤立和抛弃而产生的消极情感。

精神发泄意为“一种能够带来心灵更新或从紧张中释放自我的精神表达”，它也是“一种通过有意识的思考并为其提供表达渠道而实现的负面情绪（恐惧或痛苦）的消除”。心理治疗师通过阐述病人的话语来帮助他们意识到真正困扰自己的问题，其间，他既不会试图振奋他们的情绪也不会帮助他们解决问题。病人则通过向一个同情自己的人倾诉心理痛苦来释放内心被压抑的紧张和不安，之后，心理上已有准备的他就能做出正确的行动。

反映，而非反驳

获得理解是一件奢侈的事情。

——拉尔夫·沃尔多·爱默生

我的儿子安德鲁之前刚刚配了一副验光眼镜，他恰好给了我一个机会实践心理治疗师的工具。他含着眼泪，拖着沉重的步伐走出了验光师的办公室，大声对我说：“我看起来就像是个怪胎！”

我很想对他说：“你不是。你看起来很好。”然而，这些本意是为了安慰他的话很有可能会加剧他的抵触情绪。

我没有试图去安慰他，相反，我只是重复了一遍他刚刚说过的话：“你不喜欢自己戴眼镜的样子？”他哭着说道：“学校里所有人都会笑话我的。”

在舌功学诞生前，我也许会试图抚慰他。“安德鲁，别傻了。你的同学们说不定根本就不会留意到你戴了眼镜。”我试图让他客观面对事实的做法只会让他更加疏远我，而我试图表示支持他的努力最终只会将他彻底打倒在地。于是，我再次阐述了一遍他的话：“你害怕同学们会拿你的眼镜取笑你？”

“是的。为什么我不得不戴这么丑的东西呢？”

我首先想到的回答是和他讲道理：“你需要它们，有了它们你才能看得更清楚。”然而，感情是不理智的，也不会响应逻辑的召唤。任何试图向他解释为何需要戴眼镜的努力最终只会让他更加生气、沮丧，而不会让他明白事理。于是，我没有试图和他讲理，而是替他说出了他的心愿：“所以你想要是能不戴眼镜就好了，对吗？”

“是的。”他叹了口气，然后就低头去梳理自己的情绪了。

当我们到家的时候，安德鲁忍不住抱住了我，对我说：“谢谢你，妈妈。”我问他：“谢我什么？”他耸耸肩膀，说：“你知道的。”我想他想说的应该是：“谢谢你听我诉苦，而没有对我进行说教。谢谢你和我聊天，而不是教训我。”

阐述 VS 学舌

你无法以讲道理来劝说人们接受他们情感不愿接受的事情。

——乔纳森·斯威夫特

芭芭拉是我研讨会的一位学员，她指出了反映理念的例外情况。“如果我的一位员工丢给我一个问题，而我逐字逐句地重复他们的问题，他们一定会把我当成疯子，大叫道：‘这是我刚刚说过的话！’”

芭芭拉正好指出了为何我们需要阐述而不是鹦鹉学舌。我并不推荐大家像鹦鹉那样逐字逐句地重复对方说过的话，因为这样说会让对方感觉你似乎低人一等或是凌驾于他之上。阐述是用你自己的话总结出对方话语的精髓。阐述必须是真诚的，从而确保话语不会冒犯到对方。事实上，这会让对方感到高兴。因为这说明你对他们投入了足够的关注，才能够正确理解他们话语的意思。

芭芭拉还为我提供了一个绝佳的机会，让我能够引入这条重要的谚语：“规则成就好仆人，但绝非好主人。”

我说：“心理治疗师的工具（以及本书中的其他技巧）都是仆人而非主人。它们不是放之四海皆准的万灵药，不能保证每个人每次使用都能奏效。把话说得太绝对是不现实的。”

请把舌功学当成一个智库。你可以从中获取适合自己的资源。如果你面对的是十个人，你可能不会有时间或兴趣和他们逐一谈话，了解他们的麻烦。假如你和某人素不相识，你或许也不会关心他，想帮他解决难题。第四章“即刻终结怨言”中列出的技巧将会帮助你自如应对类似场景。

做通情达理委员会，而不是指责委员会

相对于做我们的代理，我们更想要人们同情自己。

——乔治·艾略特

下一次当你身边的人不高兴的时候，请记住争辩无法赶走焦虑。耐心应对他们的情感，而不是试图带领他们快速走出焦虑。从他们的话语中引出他们想要的到底是什么，而不是一味地向其解释他们为何不得不做他们不愿做的事情，因为那只会徒增他们内心的抗拒感。

一位女性非常贴心地向我们汇报了她成功应用这一理念的经历。“我女儿第一次参加完足球训练后，回到家她就对我说要退出足球队。我很惊讶，因为足球是她最喜欢的体育项目。早在上个赛季，她就已经开始期待本学期的足球训练。我原本想说‘你不是说真的吧’，可就在这时，我想起了你儿子的故事。”

“我没有说她的这个想法太不可思议，相反，我问她：‘这么看来，这次的足球训练让你很不开心？’之后，女儿便道出了实情。她之所以会如此沮丧完全是因为教练将她调到了防守的位置。去年，她踢进了不少球，所以一直以为自己这次能踢前锋。我本想对她说，足球是一项团体运动，每个人不可能总是待在他喜欢的位置上……不过，我很快就想

起你说过，人们遇到麻烦时想要的是安静的聆听，而不是争辩。”

“我将已经到嘴边的那套说教咽了回去，开始回顾她刚刚说过的话。我没有喋喋不休地向她解释教练这个决定背后的深意，也没有劝说她应该成熟面对这个决定，相反，我对她说：‘所以，你还是想踢以前的位置？’和你儿子一样，在宣泄了自己的消极情感后，她渐渐恢复了理智，紧紧地抱住了我，谢谢我听她诉苦。”

请记住，人们不开心的时候只想宣泄心中的苦闷情绪，而不想有人用你们应该怎样做或怎么想来鞭策自己。通过回应他们的话而非反驳，你就能帮助他们卸下苦恼的负担。他们自然会感觉好多了，并衷心地感谢你充满同情的聆听。

以聊天帮助人们解决麻烦的行动方案

几个星期前，你带着刚出生的儿子回到家中，渐渐地，你的大女儿越来越讨厌弟弟提要求。一天，当你告诉她，你现在没时间给她讲故事的时候，她立刻大哭起来，抽泣着说：“你爱布莱恩远胜于爱我！”这时，你该如何面对痛哭的女儿呢？

失败的话	可用的话
你立刻安抚她，她觉得自己说错话了。 “茜茜，你知道事情并非如此。”	你重复她的话，使她感到你在听她说话。 “你觉得我爱布莱恩远胜于爱你？”
你试图安慰她，可是她反而因此产生了抵触情绪。 “别傻了，我不是也花时间陪你了吗？我们昨天不是刚刚去过公园吗？”	你阐述了她对你的评价，从而帮助她说出内心的感受。 “你的意思是说，我不再像以前那样愿意花时间陪伴你了？”

续表

你试图和她讲道理，她却因此变得更加焦躁。 “小婴儿需要我们时刻关注，因为他们还小，不能照顾自己。”	你说出了她心里的愿望，而并非试图去解释一切。 “所以你希望我能像以前一样花更多的时间陪你玩？”
你告诉她她该如何去思考和对待此事，她觉得你根本没听她说话。 “你必须明白，我不可能在每次你想玩的时候都放下所有的事情去陪你玩。”	你明确地说出了她想要什么，她感到自己得到了理解。 “那就是说你想让我腾出一点时间，这样我们就能一起读你最喜欢的故事书了？”

第四章

即刻终结怨言

我个人认为，我们发明语言就是为了满足内心深处抱怨的需求。

——简·瓦格纳 & 莉莉·汤普林

当有人抱怨时，你会怎么做？你会向他们解释他们为何得不到自己想要的东西吗？这是人们常见的反应。不幸的是，这样做通常只会让抱怨者感到更加愤怒，无助于化解抱怨情绪。为何会这样呢？解释会被当成借口。抱怨者会觉得你在推卸责任，不值得信赖，并因此变得更加恼怒。

试想一下，你正在工作，这时电话响了。你刚一拿起电话就听到那边传来的抱怨声："你们公司到底是怎么做事的？三个星期前，我就要求你们给我寄份目录，可是我直到现在还没收到。我想知道为什么要这么久？"

你需要明白的是，来电者并不是真的想要弄清楚为什么会耗时这么久。如果你说"有几名员工因为流感请假了，因此有许多文件都没来得及处理"，顾客就会把你的解释当成是试图让自己的错误合理化。他很可能会立刻反驳："我可不想听你汇报你们公司员工的健康状况。我只想知道你们到底还给不给我寄目录？"

人们抱怨时，不解释

再也没有比解释更浪费时间的事情了。

——本杰明·迪斯雷利

从今天开始，当人们向你抱怨时，首先问问自己他们说的是否属实。如果是事实，你不妨用这几个有魔力的字来回答他们：“你说得对！”

通常来说，当人们感到沮丧时，他们一定有合理的原因。因此，请不要罗列问题出在哪儿，而是承认他们说的话，并进而思考你能就此做点什么。解释只会让争吵进一步延伸，只有认同才能终止争吵。

我想了一句话来帮助雇员们记住这个理念：“当人们抱怨时，如果我们解释，一切只会徒劳无功。”一些人适时地想起了我的这句话，他们说：“当顾客抱怨时，如果我们解释，那只会让双方都痛苦。”一位喜欢音乐的学员补充说：“当顾客抱怨时，不解释，直接登上 AAA（Agree，Apologize，Act）快速列车。”

认同，道歉，行动（Agree，Apologize，Act）

每个重大错误都有中途时刻，只需要一秒钟的停顿，错误就能被发现，事情也许就能获得补救。

——赛珍珠

最近，我刚刚亲眼目睹了一位员工采用 AAA 法面对抱怨者，并因此见证了运用该方法的效果。我按照预约的时间来到医生办公室，结果发现接待室里坐满了人，只有一张椅子是空着的。我立刻坐了下去。一小时后，我们所有人仍然坐在接待室里等着，坐在我对面的那个男人看起来很不高兴。他百无聊赖地翻阅着已经过期的杂志，整个身体不停地扭来扭去，跷着二郎腿的一只脚始终不耐烦地在空中晃来晃去，每隔几分钟，他就会看一次表。最后，他终于站了起来，走到前台的窗口处，用力地敲了敲窗户玻璃。

前台的医学助理拉开窗户，有礼貌地问道："您好，先生，有什么需要我帮助的吗？"

他大声说道："到底怎么回事？我约的是下午三点。现在已经四点了，可是我还没见到医生。"

这位助理并没有解释出了什么问题（这样只会让愤怒的客人更加生气），她使用了AAA法。

- **认同**："是的，先生。您的确约的是下午三点……"
- **道歉**："……很抱歉让您等这么久。医生因为一个手术而被耽搁了。"
- **行动**："我现在就给医院打电话，问问护士，他还需要多久才能结束手术。感谢您的理解和之前的耐心等待。"

正如你能够想到的，那位先生没有再将自己的不满和沮丧发泄在这位助理身上。面对这样一位亲切且高效率的员工，他还能怎么做呢？

让抱怨尽快结束

按正确的方式做事比解释为何事情会出问题更节省时间。

——**亨利·沃兹沃斯·朗费罗**

从今天开始，请不要再找借口，努力行动。不要再花时间告诉人们为什么事情会出问题，用这个时间来让一切回复正常。

当我向一个男人介绍这一理念时，他笑得勉强而悲伤。他说："我真希望我在上个星期五前就了解到它。我和妻子约好下班后我去接她，然后我们一起吃晚饭。我准时离开了办公室，谁知路上遇到交通堵塞，我花了比平时多三倍的时间才到她那儿。在距离她办公室大约一个街区的地方，我看到她正在路边来回地踱步，看得出来她很生气。

“当我将车停在她身边之后，她一把拉开车门，嚷道：‘你去哪儿了？我们不是约好五点半的吗？’”

“我当时根本不知道该怎么说，于是我试图和她解释：‘这不是我的错。我被堵在高速路上了。’”

“她的声音更大了：‘我怎么知道你堵在高速路上？我着急死了，我还以为你忘了来接我，或者路上出事了。’”

“我说她把责任都推到我身上这不公平。我们俩就这样争来争去，最后我发火了，让她再也别提这件事。我们的这场争吵彻底毁了那个本该浪漫而快乐的夜晚。现在，我才知道，如果当时我使用了 AAA 法则，我完全可以阻止这一不快乐事件的发生。我只需要说：‘你说得没错。我是该五点半就到的，让你一直在这里等我，真的抱歉。高速路上发生了一起事故，整条路都堵死了。从今天开始，如果我们约好我来接你，我一定会提前动身，这样即使路况不好我也不会迟到了。’”

如果不是你的错呢？

绝大多数人总是花更多的时间和精力围着问题转圈，却不用它们去解决问题。

——亨利·福特

一位机动车辆管理局的雇员并不赞同他所听到的这一方法：“我们为什么要为不是我们的过错造成的事情向别人道歉呢？昨天，一个男人因为没有带汽车保险单而无法更新他的驾照，为此，他不得不重新走一遍程序。于是，他就把气全撒在了我身上。我简直不敢相信他会这样做。他怎么能怪我呢？门口明明摆着一块大大的告示牌，上面列出了所有必需的材料。我才不会对他说‘对不起’呢，明明是他自己没有看告示牌上的提示。”

我对这位车管局的雇员说：“我们并不是说你必须道歉，而如果你承认了对方的不悦至少能为你带来益处。如果你对顾客说那些他早已知道的事情——‘嘿，你没带全材料又不是我的错’——他只会更加生气，这将会使你这一天都过得压力重重。”

“假设你对他说：‘我知道当你发现自己没带全材料的时候你一定很懊恼。如果你现在填好这张表格，我可以帮你留着等你明天再来。如果明天你带着保险资料在下午两点至三点我们最清闲的时间来办理驾照，我们就只需要核对材料，然后就能为你更新驾照了。’”

我问那位车管局员工：“如果你选择这样做来帮助他解决问题，他会如何回应呢？”他回答说：“他很有可能会停止对我大喊大叫。”没错！

研讨班的学员们发现，一次又一次，采用AAA法则的确为他们带来了益处。詹姆斯·马修·巴里注意到：“那些给他人生活注入阳光的人自己从来都不会缺乏阳光。”学员们都已经意识到向他人说对不起并不代表是向对方认错，这不过是表达同情的一种方式，从而让对方感受到有人关心自己，关心自己所处的境况。学员们总结道，假如他们摆出一副“那是你的问题，和我没关系”的态度，最终，心情沮丧的那个人一定会将这个问题变成他们共同的难题！

有一次，我正在为国家急救中心开设的舌功学课堂上向学员们介绍这一理念，一位护理人员当场提出了异议：“我的主管告诉我们，我们决不能为任何事向他人道歉，因为这意味着我们将需要为此负责。昨天，我们的一辆救护车人员没能抢救活一名溺水伤者，其遗孀说这完全是我们的错。我不可能认同她的这一说法，让她觉得她是正确的。”

他的话的确有道理。如果有人向你抱怨，而其本身又是错的，你就不得不问自己纠正他是否有意义。很多时候，事实与争吵毫不相干。反复争辩到底该怪谁并不会让已经发生的事情消失。在不适合向抱怨者表示认同的情况下，你至少应当承认他的情感，并采取能帮助到对方的措施。医护人员可以不对家属说出“我们什么也做不了，我们赶到时他已经没救了”这样的话，而是登上 AA（Agree，Act）特快列车，用一种更有技巧的方式来处理这位丧夫者的悲伤情绪：

- **认同**：“帕尔默夫人，对于您先生的事我深表遗憾。”
- **行动**：“我能帮您做点什么吗？您需要我帮您给家人打电话吗？”

解决 VS 推诿

不要找借口——做补偿。

——**弗兰克·哈伯德**

登上 AA 特快列车可以迅速消除抱怨者情绪炸弹带来的危害，而且可以阻止事情变得一发不可收拾。通过将注意力集中在现在能够做什么，而不再专注于本该做什么和没有做的事情上，你通常都能赶在事态恶化前弥补错误。

不久前，我自己就恰好实践了这一理念。我们本打算周六晚上邀请朋友们来家中吃饭，我和丈夫说好，我会留在家里准备好一切。下午五点半，我的丈夫结束了他在天文台的紧张工作回到家中。他只扫了一眼家中的情况就大叫道：“山姆，家里太乱了。”

假如不是一天前我刚刚上过一堂舌功学课程，我很可能会忘乎所以，试图去解释："哦，我知道家里很乱，可是邻居家的孩子在我们家玩了一整天。电话又一直响个不停，我还不得不出门办了几件事……"

这些借口对改变现状毫无帮助。我望着他，说道："你说得没错，家里乱七八糟……如果你现在就拿起扫把，开始打扫，我想我们应该可以在黛安娜和杰拉德到来前准备好一切。"

问题解决了。

感谢人们向你抱怨

一场成功的组织工作的标志不在于是否出现问题，而在于它是否让去年的问题重现。

——约翰·福斯特·杜勒斯

一位杂货店的管理者指出了发人深省的一点："我记得超市大亨斯图·伦纳德在一次会议上说过，'抱怨的顾客是我最好的朋友'。他这句简单的话彻底改变了我对待批评的态度。过去，我很讨厌投诉和抱怨，可是现在我欢迎大家向我抱怨。伦纳德先生帮我看到假如人们没向我提问题，这并不意味着一切就很完美。这只代表我们并没有听到有关我们犯错的报告，意味着我们没有纠正自己的错误，而这也标志着我们将会因此失去客人。现在，当有人感到不满意的时候，我宁愿他能让我知道，从而让我有机会去弥补和纠正。当有问题发生时，顾客们往往习惯于推卸责任。如果我们对他们的投诉表示感谢，不仅能够让他们解除防备，还能给他们留下深刻印象。我们的目标是让每一位顾客都成为回头客。这个方法能帮助我们实现目标。"

不错的想法。还记得本章开篇时那个没收到目录的顾客吗？试想一下，如果接电话的雇员不是一遍又一遍地解释为何宣传册尚未寄出，而是采用AAA法则，让那个女人知道他很感激她能及时报告自己的工作失误，使他能够纠正错误，这个女人会如何反应呢？

· **认同（Agree）**："是啊，休斯夫人。几个星期前，您的确要求我们为您寄一份目录……"

· **道歉（Apologize）**："对于您尚未收到目录一事，我很抱歉。"

· **行动（Act）**："麻烦您再告诉我一遍您的姓名和地址，我马上亲自准备好你要求的目录，并确保它在今天就寄出。"

· **感谢（Appreciate）**："对于您及时告知我们此事的做法，我们深表感激。很高兴您对我们的产品感兴趣，我们会确保您尽快收到您想要的信息。再次感谢您致电。"

我个人最钟爱的一句关于服务的引文来自于迈克尔·勒伯夫的那本《如何赢得顾客并永远留住他们》："额外的一英里路程上，车并不会太多。"这位雇员做出的额外努力最终将会影响休斯夫人是否会购买其公司产品。AAAA（Agree，Apologize，Act，Appreciate）法则可以让你超越顾客对你的期待值，并在其心中建立一种信任感："你可以相信我们做出的承诺。"

白宫消费事务办公室发现，只要投诉和抱怨能够得到妥善处理，人们对有问题商户的好感甚至会超过无投诉商户。从今天开始，当有人向你抱怨的时候，不要解释，开动脑筋。只要登上AA、AAA、AAAA快车，你就不会空手而归。

即刻终结怨言的行动方案

假设你是一名餐馆的服务员。在一个忙得不可开交的夜晚，你被一位客人叫到了餐桌前，他指着他的主菜，说道："服务生，我之所以点特别推荐的餐点就是因为它们很新鲜。我觉得这条三文鱼是冰冻过的。我想它离开大海的时间应该已经很长了。"这时，你该怎么办？

失败的话	可用的话
你可以告诉他哪里出了问题以及原因。 "今晚的三文鱼本来是新鲜的，可鱼市上的新鲜鱼卖光了，所以我们只能用冰冻鱼代替。"	你可以问自己他说的是否属实，如果属实，就表示认同。 "先生，您没说错，菜单上的确写明了是新鲜鱼……"
你可以向顾客反复解释原因，使争执升级。 "厨师说鱼的味道会一如既往的好。他尝过了，说他自己都尝不出区别。"	你可以向他道歉，在争执开始前采取行动化解争执。 "……对不起，您没有吃到想要的菜品。我非常乐意为您换一道主菜。"
你可以拒绝为不是自己的过错造成的事件负责。 "这道菜不是我选的。他们应该早就将它从菜单上撤掉。"	你可以感谢他提出问题，并采用 AAAA 法则。 "很感谢您提出的问题。我们只想确保您能快乐享用您的晚餐，并再次光顾。"

第五章

优雅地退出争吵

任何看不到争吵有两面的人很可能就站在其中的一方！

——舌功学

如果你陷入了一场无法取胜的争辩中，你能做些什么？

很显然，你永远都不可能改变他们的观点，对方也绝不可能说服你。如果你继续在这条死胡同里一路走到黑，最终只会伤害彼此的感情，说出一些不该说的损坏双方关系的话。

一则俄罗斯谚语这样说："话一旦出口就会飞走，你永远都抓不到它。"这一章的目标就是帮助你学会如何赶在愤怒的话语飞出你的嘴巴前抓住它。你将会发现不少能够让你礼貌地退出争吵的方法，从而使你们双方都不会说出任何让自己后悔的话。

表示异议却不招人厌

生活乐趣的一部分在于避免争斗而非争斗。娴熟巧妙地从争斗中撤退本身就是一种胜利。

——诺曼·文森特·皮尔

观察是一种回避僵局的有效方法。“我们都是对的”，然后转入下一个安全的话题。

几乎每次意见出现分歧时，意见双方都是各执一词。并不是说甲方对乙方错，也不是说甲方好乙方坏。双方都有坚持己见的理由。你完全可以不必将对方当成死敌，你只需要明白：你们俩不过是就一件情感事件有了相反的看法而已。

一位研讨会学员说，他真希望自己能早点知道这一技巧。“上周日晚上，我和妻子去她父母家吃晚饭。吃饭时，我提到高速路建设又停工了。这真是大错特错！我岳父说，他倒是很高兴看到这样的结果，‘那条路从一开始就不该修！它破坏了一处很重要的历史峡谷风景’。”

“噢，每天我都要花一个小时的时间去上班，一周五天，天天如此。我对他说，我觉得这条高速路修得非常有必要，因为这条路上的车已经比十年前多了三倍。我的岳父不高兴地嘟囔说这是典型的自私的一代的想法，把自己的上班时间看得比一处重要的考古遗址重要。”

“我有些不耐烦了，对他说：‘你不可能阻止进步。’我的这句话惹恼了他，我的岳父一把将餐巾扔在桌上，站起来转身离开了，离开时还说：‘我没必要坐在自己的餐桌旁听这些我不想听的话。’”

“我真希望这一切从没发生过。假如我能够稍微敏感点，早点感知到这个话题会引起他这么大的反应，我一定会阻止这件不愉快事情的发生。我会说：‘好吧，我们观点不一致。’然后礼貌地将谈话引向别处。”

他是对的。正如乔治·伯纳德·肖早已注意到的：“再也没有比礼貌更难获得的技能，也没有比礼貌获利更丰富的技能。”

帮助双方留颜面

好的礼节由小小的牺牲构成。

——拉尔夫·沃尔多·爱默生

试想，你的孩子正值青少年时期，表现不太好，你和配偶为如何管教孩子发生了分歧。你认为配偶的方式惩罚性过强。他觉得你太宽容。你们俩关于此事的讨论最终升级成了一场家庭战争。

你的配偶说："如果我们现在还不开始让他明白家里到底谁说了算，他以后永远都不会尊重我们。"你说："如果我们让他禁足，他就会变得更加叛逆。"你的配偶争辩说："这是我们的家。假如他还想住在这里，就必须遵守我们的规矩。"你立刻反驳道："他已经十七岁了，马上就成年了。你不能再把他当小孩一样对待。"

在你成为家庭分裂者之前，用简单的六个字"我们立场一样"收回之前的观点。这句话能够帮助你和配偶齐心合力解决问题，而不是一争高低。

山姆·列文森说过："我们也许不会总是意见一致，但我们可以用心灵沟通。"换言之，你不能因为彼此意见相左就把对方当成敌人。简单说一句"嘿，我们想要的结果是一样的"就能帮助你记起你们拥有相同的目标，只不过你们选择实现目标的方式不同。这些简单的话可以将你拉出对抗模式，指引你回到合作的工作状态，一起解决共同关心的问题。

一名女学员赞同地说道："这些技巧都很好，可并不适用于我丈夫。每次争吵，他必须是获胜的一方。"

如果你的情况和她一样，请不要着急。在后面我将会详细地讨论如何有技巧地终结一边倒的谈话。事实上，我用了整整一章的篇幅来探讨这一话题，因为这的确是个普遍存在的问题。

不失尊严地走出无终点的谈论

我从未见过有争论者以争吵的方式说服另一方。

——**托马斯·杰弗逊**

如果你正在洽谈一份合同，双方的谈判陷入了僵局，那该怎么办？你和对方都不愿做出让步。如果你再继续推进一点，之前为之付出的所有努力和已取得的成果就可能会付诸东流。

这时，你可以说“让我们回到这个问题上”，将谈话引到合同中双方分歧较小的条款。这句话可以帮助你转换话题，与此同时，你也无须为此改变原有的观点。稍后，等双方建立起更加友好的气氛之后，你再回到那个阻碍你们前进的点上，在一种更有利的氛围下去处理它。

有一次，我和几名同事一起共进午餐，其间，我们聊到了州长竞选。当时，竞选已经进入到白热化的阶段，各竞选政党争相用对方的污点攻击竞争对手。我的同事们支持的政党恰好处于对立阵营，眼看他们的讨论越来越激烈。其中一人扭头问我：“你认为谁应该当选为州长？”我不想卷入他们这场谁也无法取胜的辩论。于是，我摊开双手，微笑着说道：“在这件事上，请不要考虑我的观点。”

唱反调 VS 调和

人类沟通的总体目标就是——或者说，应该是——调和。

——**M·斯科特·派克**

“思考就是差异。”克莱伦斯·丹诺指出。然而，想法各异的人们却常常执着于自己的立场，不想扭转自己的观点。他们固执己见，绝不妥协。本章中的谚语和其他诸如“萝卜青菜，各有所爱”及“半斤配八两”之类的话语都是比较委婉的表达方式，其目的就是为谈话双方保留颜面，从而避免争执的发生。

我和一位培训同事曾经很荣幸地参加了由一位德高望重的管理梦想家（当时他已年过八旬）主讲的研讨会。随着研讨内容的深入，我们很快就发现，这位才华横溢的先驱者时不时就会思想开小差。一分钟前他还在流利清晰地阐述自己的观点，一分钟后他就扯到了一个与之毫无关联的话题上。

在某一点上，他陈述的立场与之前的表态完全相反。一位与会者指出了他这一截然相反的观点。我们的演讲者竭力否认他之前有过与之相悖的观点表达，并且对于这位与会者竟然胆敢向他发出挑战表示非常生气。这位与会者坚信自己没有听错，坚持己见。

我的朋友是一位谈判专家，他看得出来这场意志的较量不会给房间里的任何一个人带来任何好处。争辩双方都没有妥协的意愿，这场争辩最终将会演变成一场永无止境的拉锯战，这对谁都没有好处。于是，他站起来，用一种谦恭但坚决的口吻说道：“你们俩都是对的。”接着，他分别给出了支持双方观点的例证，并且提出了一个与演讲材料上给出的下一阶段话题相关的引导性问题，大方且巧妙地将发言权交还给了演讲者，使他能够继续演讲。

男性风格 VS 女性风格

我们错误地认为，如果我们的父母爱我们，他们就会按照某种特定的方式——我们用来爱别人的方式——去做。

——约翰·格雷

在《男人来自火星，女人来自金星》和《你只是不明白》这两本书中，约翰·格雷和黛博拉·泰南已经非常完美地诠释了为何夫妻会以争吵告终。因为男人和女人分别拥有两套不一样的沟通方式，他们常常会误解对方话语的意思。当妻子说不高兴的时候，她的丈夫以为她就是不高兴而已，并没有意识到她可能是想发泄一下。男人们始终想不明白为何自己出于好意的建议会招来妻子的怨恨，其实他不知道，女人需要的不过是个依靠的肩膀。尽管夫妻双方所做的一切都是从爱对方的角度出发，然而沟通上的障碍最终让爱的表达演变成了伤害彼此的冲突。

好消息是，尽管男人和女人按照各自不同的频率行事，但他们还是能够学会使用同一调频进行沟通。女人们学会嘟囔是好的（格雷指出，这意味着男人觉得女人的要求和自己的需求相悖），男人们也将会明白，当女人谈论自己的麻烦时，这并不代表她需要自己的丈夫帮她解决问题。如果你正在恋爱或已结婚，认真阅读这几本书，应用书中的视角，将会帮助你和配偶让自己的婚姻或恋爱关系始终融洽。

文化差异意味着沟通差异

英国和美国是被同一种语言划分开来的两个国家。

——乔治·伯纳德·肖

一位国际协议专家兼职业演说家曾相当肯定地说，尊重文化习俗十分重要。在开展了数百次关于文化多样性的培训课程之后，桑德拉依然异常惊讶地发现美国人对于如何以合适的方式与其他国家的人们相处几乎一无所知。“无论是公务出差还是个人旅游，在出国之前，你都应该花时间学习他国礼节，从而避免因为一些违反当地文化习俗的无意举止冒犯到那里的人们。”

此外，桑德拉还补充说：“务必留意公司或社区里不同种族人们的习俗。许多争吵的发生都是因为人们天真地以为自己的行为方式就是唯一且正确的做事方式。在一家我参与咨询的公司，高管没有聘用一名才华横溢的大学毕业生，原因是整个面试过程中那个年轻的女孩一直用侧脸面对面试官们。‘她甚至都不敢直视我的眼睛，’他嘟囔说，‘让我怎么相信她？’他错了。他不知道在某些亚洲国家里，年轻的晚辈们从小受到的教育是见到长辈时低眉顺眼是一种尊重的表现。”

正如肖观察到的，使用同一种语言并不担保你们对某一话语或行为的理解也相同。你需要意识到的一点是：人们是不同的，差异并非过错。

从现在开始，不要让差异演变成不合。借助“保留颜面”的话语退出争辩，请记住你实在无需因为与对方的看法不一致就与对方反目成仇。

优雅地退出争吵的行动方案

你早就预订好了临近的公园为父母庆祝结婚50周年纪念。你正在草地上摆放野餐桌椅，布置彩带横幅，这时另一个家庭出现了，并且坚称他们预订了这片公园草地为儿子举办毕业宴会。他们指责你占用了凉亭，并且威胁说要叫保安将你驱赶出公园。面对此景，你该怎么办？

失败的话	可用的话
你完全陷入了争执之中。 “等一下。我们在这个公园里的权利一点也不比你们少。”	你可以避免一场争吵。 “我想我们能够想办法解决这个问题。”
你建立起了一种对抗的氛围，使争执升级。 “如果你想要这些餐桌就应该早点来。”	你建立起一种愉快的氛围，从争吵中脱身。 “让我们看看我们是否能够想办法腾出几张桌子。”

续表

你动辄说“你”，进一步激怒对方。 “如果你以为你这样闯进来就能把我赶出去，你就大错特错了。”	你凡事都从“我们”出发，使谈话免于陷入僵局。 “我们稍后可以看看他们是否有如何分配这块区域的记录。现在嘛……”
你坚持自己的立场，将对方当成敌人。 “我简直不敢相信。我们为今天已经计划了好几个月，怎么可能让他们毁了这一切。”	你向着自己想要的结果前进，和对方一起想办法解决问题。 “让我们看看我们能不能一起共享这片区域，从而使我们能在客人到来前准备好一切。这是我们都想要的结果。”

第六章

道破对方意图

圆滑是一门关于如何在表明自身看法的同时又不树敌的艺术。

——无名氏

你想不想知道当某人刻意想操纵你的时候你该怎么做?

谈判的一条基本法则就是："公认的策略已经不再奏效。"如果你发现某人正试图刻意伤害你，暴露他们即能让其寡廉鲜耻的意图破产。

从今天开始，一旦察觉有人正在和你玩权术游戏，指出其意图，令其迅速终止这一游戏。要做到这一点，你需要从思想上走出当前的情况，问问自己发生了什么，然后说出自己观察到的一切。

让隐藏的公开

我用和敌人交朋友的方法消灭敌人。

——亚伯拉罕·林肯

《舌功学》是一本关于策略而非斗争的书。我们的目标是通过暴露对方的消极策略中和敌对意图，而非消灭侵略者。

我丈夫莱斯正在搜寻一辆家用汽车。每个周末他都会去汽车代理商那里看车，几个星期后他找到了想要的车。就在他准备签购车合同的时候，汽车销售对他说：“我马上就回来。我得和经理确认一下价格。”

在等待了近二十分钟后，我丈夫意识到那名销售正在推行好人/坏人程序。那名销售一定已经注意到了莱斯有多么喜欢那辆厢式车，所以决定让他先坐一会儿。这个销售也许有自己的打算：如果莱斯不确定这笔交易是否能够获得经理的许可，他可能就会变得焦虑，从而愿意付更多的钱来买下它。

后来的事实证明，很显然，这位汽车销售就是这样盘算的。最后，他终于回来了，以一种并不诚恳的态度向莱斯道歉：“噢，对不起让您久等了。我试图说服老板，可是他坚持这辆厢式车的售价不能低于16000美元。他说这已经是优惠后的价格，不能再少了。”

我丈夫立刻道破了他的意图。他只想表明自己的立场，并不打算树敌，所以他冷静但坚定地告诉这位销售：“我知道你有定价的权力。如果你想卖掉这辆车，我现在就能和你签合同，价格为14500美元。如果你不同意，我就不得不去找别的汽车代理了。”

被道破心机的汽车销售羞愧难当，立刻同意以最初的价格成交。与此同时，他也不停地低声说自己为此又要听老板唠叨了。他心里明白自己的如意算盘被人识破了。

挫败对方策略

最能体现耐心重要性的时刻莫过于你即将失去它的时候。

——无名氏

如果有人向你施压，催促你做决定，你又该怎么办？他们也许期望你会在仓促中做出平时不会做出的让步。想要挫败对方的这一策略，你只需要这样说："你不是想催我做决定吧？"不让任何人左右你的决定，他们不是你！

在一场研讨会开始前，一位女性走到我身边，说："我来参加这项课程是因为我正在考虑辞职。我在一家法律事务所工作，公司的老板是一对父子。老墨菲先生拿给我一摞发票让我发出去，十五分钟后，小墨菲先生来到我办公桌前，让我帮他找一些法律文书。一小时后，老墨菲先生十分生气，因为他的发票还没有寄出去。与此同时，小墨菲先生也想知道他要找的文书在哪里。我再也受不了了。他们简直快要把我逼疯了。"

我建议她首先让自己置身事外，把自己当成一名旁观者，这样就能客观地看待整件事情。随后，我让她问自己："到底发生了什么事情？"她回答说："他们俩把我夹在中间，进退两难。"

最后，把你观察到的说出来。下一次，当他们中的一人又交代你去做一项与之前工作相矛盾的事情时，说出来！别再保持沉默让自己为难，或是凭自身猜测做决定从而使你如坐针毡。以一种不失礼节的方式说出来："请不要让我夹在中间两边为难。您父亲（儿子）刚刚交代给我一件和这完全无关的工作。如果你们俩能够就首先完成哪项工作达成一致，我会非常乐意即刻着手去做这项工作。"

心烦意乱 VS 耐心

耐心与智慧相伴随行。

——圣·奥古斯丁

在我的某堂课上，一名酒吧侍者说工作中最让他感到为难的一点就是客人向他索要免费饮品。他说："过去，一些贪小便宜的人常常置我于尴尬之中，而我往往会因此失去耐心。现在，如果有人想以花言巧语从我这儿占便宜，我只需要说：‘你不是想问我要免费饮料吧？’或者，如果有人向我施压让我为其服务，我会说：‘你不是想让我因为向未成年人出售饮料而丢工作吧？’既然已经知道该怎么说，我就不会再因为有人试图向我索要免费啤酒而心烦意乱。”

一位警察补充说：“我们经常会用到暴露对方意图这一招。当有人意图做一些违法行为时，我们只需要说一句‘你不会是想贿赂警察吧’，就能适时阻止他。”

你是否曾经当过传递坏消息的人？坏消息的接受者是否曾经将所有的不满都发泄在你身上，哪怕你只是个消息传递者，与整件事没有一点关系？你想知道如何阻止这一切的发生吗？

采用“你为什么要向我发泄”的姿态即可。你可以耸耸肩膀，摊开双手，摆出一副“为什么会是我”的姿态，然后以伤感的口吻简单说一句：“嘿，两军交战，不斩来使。”

“愤怒是一种瞬间的疯狂。”伟大的诗人兼讽刺作家贺拉斯这样说。只要你让他们意识到自己的疯狂，大多数人就会不再将你当作其泄愤的对象。他们会说一些诸如“我知道，责怪你的确对你不公平，只不过这真是我今天最不愿听到的消息”之类的话语，或者他们会道歉：“很抱歉我把你当成了发泄的对象，只是这个消息来得太不是时候了。”

迂回争吵

不要和强力斗争，利用它们。

——R·巴克敏斯特·富勒

富勒的这句话换言之就是，不要和强力斗争，揭露它们。你是否曾经和家人一起开车进行长途旅行？是不是刚出发时你们一家看上去彬彬有礼，到达目的地后却变了样？如果所有人都开始喋喋不休地争吵，切记不要为此而愤怒，一定要保持冷静，口齿清晰地对所有人说："我们全都又累又烦，因为我们已经在这辆车里挤了整整四个小时。再过几分钟我们就能到酒店了。在那之前，让我们一起尽量以文明的方式对待彼此。"

一位女性学习者表示："我和我的未婚夫使用的是一种稍稍变化后的暴露对方意图法。我们刚认识的时候，他问我之前和男朋友之间的一些事情，然后他就会吃醋。我也因为他提到了一些我不想谈论的事情而开始生他的气。因为这个，我们分开了。"

"上个月，我们俩说好再也不讨论各自之前的男女朋友。现在，我们相处得很好，因为我们没有再提起以前的男朋友或女朋友。当我们偶然遇到或谈到过去正式交往过的人时，我们会对视一眼，然后说：'历史。'用了这个简单的词语后，我们再也没有像以前那样为过去吵架。"

也许你听过这句话："除非我们能从过去中吸取教训，不然，我们注定还会重复历史。"这对情侣不仅从各自的历史中吸取了教训，还学会了通过说出历史来阻止自己重复历史。

发自肺腑的声音

智慧是横在我们和黑暗之间的唯一一堵墙。

——马克·万·多伦

著名广播节目主持人卡尔·哈斯对暴露对方意图的示范也许是我见过的关于这一理念的最好范例。哈斯主持一档名为《在好音乐中探险》的节目，许多公共广播电台都播出了他的这一节目。哈斯那低沉且具有震撼力的嗓音本身就是一种完美的载体，他说出的话语深沉、洪亮，一听便知出自何人之口，早已成为该节目的有声标识。

几年前，哈斯为答谢粉丝，来夏威夷举办了一场演唱会。礼堂里挤满了数百名他的忠实听众，所有人都对能够亲眼见到这位广播英才而期待不已。礼堂的灯光渐暗，舞台亮了起来，热情的掌声一浪高过一浪，一个矮小的身影出现在了舞台上——在场观众大吃一惊——他就是卡尔·哈斯。

现场顿时安静下来。这位广播主持人显然不是第一次遭遇这种场面，所以早已做好了诙谐机智的应对准备。他的眼中闪过一道亮光，微微欠身向台下的观众致意，然后以一种倾诉心声的口吻轻轻说道："我以前也不知道你们长这样！"

台下顿时传来一阵爆笑，紧接着是更加猛烈的欢呼声。哈斯用他的智慧化解了原本可能出现的尴尬场景，也借此赢得了在场所有观众的芳心。哈斯这句幽默的应答说出的恰恰是观众们的心里话——暴露了他们的心声。

实际上，这一将不可说的话说出来的技巧尤其适用于孩子。我一直都记得我家两个儿子第一次去看牙医时极不情愿的样子。医生很友好，他走进来后蹲下来和他们打招呼："我敢打赌你们俩一定不想来这儿，对不对？"

他说出了他们心里的想法，两个男孩立刻瞪大了眼睛。"事实上，我相信你们一定想立刻转身，跑回到那扇门的后面去，是不是？"随着他大声地说出他们心中的每一分恐惧，两个男孩子不约而同地点点头。一分钟后，他俩就手牵手，和这个显然十分了解他们内心想法的男人高高兴兴地走进了检查室。通过说出他们的想法，这位医生成功地消除了他俩的恐惧心理。

道破对方意图的行动方案

你加入了一个男性团队，成为团队中第一名女性成员，他们正在考验你。有些人说笑话的品位有待商榷；还有些人故意给你一些技术上的难题让你解决，从而看你是否能胜任这一工作。这时，你该怎么办?

失败的话	可用的话
你让他们的计谋得逞，开始变得烦躁。 “这种行为太幼稚了。你们怎么就不能成熟一点?”	你意识到他们意欲何为，选择保持镇静。 “这些都是伴随领土意识而来，我能应付。”
你允许他们胁迫你。 “我不知道自己还能坚持多久。工作已经开始让我感到恐惧。”	你下定决心不让自己成为他们的受害者。 “我能做的太多了，我花了大量的时间和金钱培训自己，使我能胜任这一工作。我绝不会被他们吓跑。”
你让自己的声音变得情绪化，而这无形中告诉对方他们已经胜利了。 “我的工作能够做得和你们一样好。你们为什么要故意为难我?”	你可以让自己的话语听起来镇定、自信，同时不失幽默感。 “你们现在不会是在考验我吧?”
你的防守越来越无力，这只会助长他们的骄横。 “拜托了，伙计们！让我喘口气吧。你们为什么就是不肯放过我，让我好好工作呢?”	你道破对方的意图，让他们知道你很清楚他们的意图。 “你们这是在考验我，对吗?我想你们一定是想看看这个‘小女人’能否胜任此项工作。”

第七章

舌头胶水

谈话的真正艺术并非在正确的时候说正确的话，而是在于在充满诱惑的时刻闭口不说错误的话。

——多罗西·内维尔

在佛蒙特州，有件T恤衫十分流行，衣服上写着：不要说话，除非你能改善这沉默。很明智的建议，不是吗？

当你已经被误导的时候，要做到这一点着实不易。你会觉得一定要对为此负责的人一吐为快。正如亨利·沃德·比彻所言：“愤怒的时候开口——你将会说出令你后悔终身的话。”这一章将教会你如何适时闭口（舌头胶水），从而避免你因为说错话而身陷麻烦之中。

受控制的舌头等同于机智老练

咽下不该说的话比事后食言好。

——富兰克林·D·罗斯福

当我说到罗斯福的这句话时，一名参加研讨班的学员突然大笑。在一次相亲时，他以一种并不舒服的方式深刻体会到了这句话的意义。

“一开始，我俩都显得有些尴尬。就在我俩交换彼此生活经历的过程中，我发现对方在我的故乡生活过。她问我是否认识沃尔福特夫人，我不假思索地回答说：‘那个老太婆？她是我高中的英语老师。’”

“我解释说，我很讨厌上她的课，她曾经让我考试不及格。当我注意到和我相亲的女孩脸上浮现出奇怪的表情时，一切都晚了。等我说完后，她说：‘沃尔福特夫人是我的继母。’哈！从那一刻开始，我们之间的氛围每况愈下，后来我俩都迫不及待地结束了这次约会。”

如果这个年轻人在相亲前读过奥斯卡·王尔德的作品，那结果可能就不一样了。王尔德曾这样描述他书中的一个人物：“他能准确地把握何时该保持沉默，从而获得最佳心理效应。”因此在开口说话之前，先问问自己说出的话是否会反过来为难自己。只要它有可能成为你的后顾之忧，就果断闭嘴。

以沉默作为外交工具

所谓外交家就是那个三思而后言的人。

——**匿名**

就让我们以工作面试为例来说明为何保持沉默是明智之举，以及何时选择沉默。试想，如果面试官问你是否喜欢前任雇主，而实际上你和前任上司之间的摩擦就是你辞职的原因。此时，你该怎么办呢？

无论你的前任上司为人多么恶劣，苛刻地批评他只会让面试官对你的印象大打折扣。正如威尔·杜兰特指出的那样：“中伤他人是一种不诚实的自我褒赞。”即使面试官认同你，他也会觉得你有些失控，过于轻率。他也许还会担心将来有一天你也会对他做出类似的不良评价。正如教堂布告栏上的那句话所言：“向你八卦的人将来也会八卦你。”

在这种情况下，沉默比奋勇直言更好。奋勇的定义是："一种能够使人坚定面对危险的精神或思想力量。"下决心做一个正直的人，拒绝向（如我们在夏威夷说的）"臭口"低头。没有人会因为你贬低前任雇主而尊敬你。如果你必须说点什么，那就说点有建设性的话。你可以用"我从他/她那儿学到了很多"来总结你们的关系。毫无疑问，你的这句话是实话，而且你也借此以一种更优雅的方式表达了自己的真实感受。

保持安静

沉默是力量的承载者。

——舌功学

你想知道沉默的另一用途吗?

如果某人十分固执，略微停顿的同时询问"那你有何建议"是个不错的方法，因为这样能说服对方，使他们正视你的观点。

许多年前，我受洛杉矶加利福尼亚大学的邀请，开设一个关于集中精神的研讨班。项目开始前一天的晚上，我到达宾馆，原以为能立刻见到我早已准备好的分发材料。谁知那名员工在翻找良久之后告诉我，他们找不到材料了。重新拟定材料，然后通宵加班复印材料成了我唯一的选择。

当时还没有便捷的24小时复印中心，我彻底陷入了困境之中，直到在宾馆里找到一台电脑和一台施乐复印机。我向他们解释了自己的情况，表示希望能够借用他们的机器。我向他们保证一定会爱惜他们的设备，并且为此次使用付费。

前台经理毫不留情地拒绝了我。事实上，你完全能够想得到他拒绝我这一请求的原因："如果我让你用我们的电脑，那岂不是意味着这里每个人都能用我们的电脑？”

对于他的不情愿，我表示理解。他不知道我是否会正确使用他们的设备，拒绝显然比答应我的请求更容易。我知道如果我能以温和的态度坚持请求，最后一定会是个双赢的结果，所以我使用了一种能够让人们走出固定立场的技巧。我问他：“那么，你有何建议呢？”然后便不再说话。

那名经理支吾了许久，我一直保持沉默，对身处尴尬处境的他“见死不救”。我的沉默迫使他不得不从我的立场来看待眼前的情况。如此一来，他就能设身处地地面对问题，从而使他感觉自己有义务去解决问题，而不是以一个敷衍的拒绝把我打发掉。

最后，他的态度缓和了许多：“好吧，你可以使用我们的电脑和施乐复印机。但务必小心使用！”我照做了，这也是我一贯的作风。

之后，我还花时间给宾馆的总经理写了一封信，告知这位雇员在我需要帮助时给予我的特殊服务，并表达了我对他的感激之情。这封后续的信是整个过程中的重要一环。我并不是鼓励大家使用沉默以不公平的方式获得自己想要的东西。我认为，只有在你事后对帮助者有所回报并履行承诺的情况下，诸如“你有何建议？”“如果你是我，你会怎么办？”以及“你有何感受？”之类的问题配合以沉默的态度才是一种公正的手段。与共情问题恰恰相反，这些问题能够让对方看到你的立场。只要你记住对方给予你的帮助且不会趁机利用其慷慨，你就能使用这一方法得偿所愿。

有时候，沉默比最雄辩的演讲都更有说服力。如果当时我用各种应该让我使用其公有设备的理由向那位宾馆经理施压，只会加剧他的抵触和拒绝。我用话语向他进攻的时间越长，他就会变得越固执。坚持有时的确会让你有所收获，然而它也同样可以让你竹篮打水一场空。咯吱叫的轮子有时是能得到润滑油的滋润，可有时候只会招来被替换的结果。

沉默 VS 暴力对抗

关于少说话，可说的实在太多了。

——弗兰克·泰戈

一位刚刚将工作室迁至新办公大楼的写真摄影师打来电话，向我们汇报了她成功使用这一技巧的经历。苏已经预约了两次铺新地毯的时间，可装修承包商每次都是在最后一刻才打电话告知她预约取消。终于，他们约好在新工作室开张的前三天来铺地毯。那天，苏耐心地等待着工人的到来。约定的时间到了，一晃又过去了。两个小时后，工人队长才打来电话解释说他们的工作延时了（再一次），只有等到星期一才有时间来完成工作。

苏说，就在她打算表示同意的时候，她想起了一种更好的解决方式：用一个问题和沉默来追究对方的责任。她冷静且坚决地告诉对方她无法接受一而再再而三的延期，然后问道："如果我和你事先约好了，却一连三次取消约定，你会怎样？"说完便不再开口。这个问题使对方不得不面对一个事实：她拒绝再次延期其实是一种相当公平的做法。

那名承包商尝试着再次解释了延期的原因。这一次，苏问道："那你让我如何处理星期一已经计划好的七个会议？"她以反问的方式温和地坚持自己的意见，随后再度保持沉默，拒绝对陷入困境的对方施以援手。最终，他按照约定在当天铺完了地毯。

苏说："假如我不了解舌功学，我可能就不会坚持己见。我可能会自认倒霉，接受延期，然后再一次成为受害者。在研讨班上，我学会了自如应用沉默，而不是迫不及待地发声——如果迫不及待地发声，我的话就等于替对方解围，使他们一而再再而三地利用我随和的个性。”

何时使用沉默

沉默是最难辩驳的论证之一。

——无名氏

在谈判中，自如应对长时间的话语停顿显得尤为重要。请再试想一下，你正在面试，面试官问你对薪水有何要求。如果你试探性地回答：“35000美元？”面试官就会明白这个数字还可以再商量。在这一点上，他可能就会以沉默来回应，然后眉毛微微扬起，露出一种难以置信的表情，似乎是在说：“你一定是在开玩笑吧。”

面对他的这一反应，你可能会退缩，以一种弱者的口吻补充说道：“不过我可以接受30000美元，因为我真的很想得到这份工作。”或者你会赶紧替自己提出的这一数字辩护，“我之前的薪水就是这么多”或“其他公司类似职位的薪水就是这个数”。你这种迫不及待的姿态已经很明确地告知对方，你愿意接受更低的薪水。

相反，如果你以一种十分确信的口吻说出“35000美元”，话语的落音为降调，对方就会认为你提要求的态度相当坚定。假如面试官以沉默来考验你，你只需继续保持沉默。老练的面试官明白在压力下保持沉默是强势性格和成熟的一种标志，而这两点都将帮助你成为其团队的一分子。

我相信舌头胶水是最重要的舌功学技巧之一。中国早已有名言：“勿多言，多言必败。”在开口说话只会带来伤害和毫无帮助的情况下，学会保持沉默可以让你成为自己最忠实的盟友。

舌头胶水的行动方案

你所在的社区社团正在努力筹款建造一个游泳池。在参加每月一次的例会时，社团成员反应激烈，因为社团主席在此次筹款中没有任何实际行动。之后，关于主席失职的讨论渐渐指向了他的个人生活，几名与会者提到了他们在街头巷尾听到的关于其破产和离婚的传闻。这时，有人问你对此人人品的看法。你该如何回答呢？

失败的话	可用的话
在开口前，你完全没有考虑自己的话是否会造成伤害。 “我觉得他在这件事上犯了错误，是他拖累了我们。”	三思而后言，避免说出任何会让你后悔的话。 “我说出我的观点会有帮助吗？”
你加入到了议论之中，说出了自己听到的消极消息。 “我听说他妻子已经搬出了他们的房子，而且带走了三个孩子和他们的狗。”	你保持了正直的行为方式，选择不背后议论、诽谤他人。 “我打算保持沉默。对于这件事为何会毫无进展，我没有掌握任何第一手信息。”
你发表了自己的偏见，背后中伤对方，这一切将来都会原原本本回报在你身上。 “他不值得信赖。她从他身上看到的一切，我永远都不会知道。”	你将讨论引向了一个更富有建设性的话题，将与会者的注意力重新集中到会议日程上。 “我们的会议只剩半小时了。让我们赶紧讨论下一个议题吧。”

第八章

当你不知道该说什么的时候应该说什么

我永远不会因为没说过的那些话而受伤害。

——卡尔文·库利奇

你想知道当有人用语言将你置于不利境地的时候你该说些什么吗?

首先，当你被某人充满恶意的话语伤害时，你需要知道哪些话是不能说的。这很重要。不要试图用“那不是真的”这样的话为自己辩护，也不要用“我不同意这种说法”来否定对方的消极评价。

为什么呢?如果有人用意想不到的话语打击你，而你立刻愤愤不平地予以否认，这样做只会在无形中支持对方的说法。如果有人说“你为什么总是处于一种防备状态”，而你立刻回答“我没有”，你的回答恰恰证实了他的话。如果有人指责一位女性过于情绪化，而她立刻反驳说：“我根本就不是情绪化的人!”那么，她的回答无形中恰好证实了前者的话。

停止使用停止

思想只会专注于字面意思，无法关注一个想法的对立面。

——舌功学

一位参加研讨班的学员表示反对："这怎么可能。明明是否认，怎么会反过来证实对方呢？"问得太好了！我们需要明白一点：我们的思想并不会由话语本身联想到其对立面，它只会接受自己听到的内容。如果你告诉它不要做某事或停止做某事，结果只可能是它恰恰会去做你极力想避免的那件事。一个简单的测验即可证明这一点：

不要设想一个高高的玻璃展示柜里放满了刚刚做好的令人垂涎欲滴的软糖圣代。不要想象美味香甜的巧克力溶化了，正沿着香浓雪白的香草奶油缓缓地往下流。请停止想象雪白的颤悠悠的奶油上铺了一层娇艳欲滴的樱桃。不要再设想你正将一把长长的勺子插进那精致美味的裱层中，然后舀起满满一勺放进自己的嘴里，用你的舌尖去品尝美味。

你能停止想象吗？你的思想完全集中在这些话语描绘的画面上，根本没有留意"不要""请停止"以及"不要再"这些字眼。这就是为何冠军选手会把自己想要的视觉化（先拿下这一局），而不会对自己说那些他们不想得到的结果（不要再发球失误）的原因。这也是为何职业教练们常说"慢且稳地挥拍"，而不说"别再挥拍挥得那么快"。音乐家们只会对自己说轻柔地弹奏，而不会告诉自己别弹那么大声。

无论是和别人聊天，还是对自己说话，都只使用积极的话语。如果你的同事警告你，"别发脾气"，你回答说"我没有发脾气"，你的话只会让对方更确信自己的观点。如果有人让你别再做懦弱的胆小鬼，你回答说"我不是懦夫"，你的回答使用了对方选择的消极字眼，这将会巩固你在对方心目中的"懦夫"形象。

理查德·尼克松也是在吸取了痛苦的教训之后才明白这个道理。大家还记得吗？当认为他以权谋私的议论出现后，他曾经发表过一次演说。在那次全国电视转播的访谈中，他试图以“我不是个骗子”这样的抗议来阻止民间关于他的消极指责的继续流传。然而，他极力否认这一论断的努力不仅无助于恢复他的声誉，反而进一步巩固了他在某些人心中不受欢迎的形象。

这个原理非常重要，适用于任何沟通。一位本地的新闻主播曾在其节目结束时告诫观众：“有一个方法一定能够使人们忧心忡忡，那就是告诉他们不要担忧。”这一道理也适用于其他你不想见到的行为。如果你警告吵闹的孩子“别再打闹了”，你觉得结果会怎样？如果你试图以“我不会哭”这样的话来安慰自己，最后的情况又会怎样呢？当你告诫员工“不要迟到”后，情况是否有改善？

从今天开始，无论是与自己还是与他人沟通时都以积极的话语措辞：“相处时，你们俩需要彼此尊重。”“我的脸上会始终保持蒙娜丽莎式的微笑。”“从星期一开始，你需要准时上班。我所说的准时，不是说八点整时你还在泡咖啡，而是说那时候你已经坐在了办公桌前，准备给客户打电话。”

用问题回答问题

治疗愤怒最好的处方就是拖延。

——圣力嘉

当你面对某人的话语不知该如何应对时，你会作何反应？你可以以一句简单的“你的意思是——？”将这个烫手的山芋扔回给对方。这个问题的绝妙之处就在于它的作用是多层次的。当你问对方“你是什么意思”的时候：

· 使你有话可说。

· 延迟你内心的愤怒，阻止你向对方展开反击。

· 剖析话语的潜在含义，从而使你抓准事件的核心。

· 给自己时间调整情感，整理思绪，避免说出任何会让你后悔的话。

· 这是一个机智的回答方法，从而使你不会做出任何不成熟的反应。

据说，嫉妒通常都是建立在对他人情况的误解这一基础之上的。愤怒亦然。在之前的一次讲课中，一名学员自告奋勇地分享了自己的经历："我上周就用到了这个方法，可我自己当时并没有意识到。我只知道，它真的很有效！"接着，她向我们描述了当时的情况。

"六个月前，我获得了升职。现在，我成为了以前那些同事们的直属上司。坦白说，我和他们之间的关系很微妙。星期五，即将下班前，我之前最喜欢的一位同事走进我的办公室，关上门，坐了下来，然后告诉我，他觉得我是一名很糟糕的上司。"

"他的话令我大吃一惊。我一向都对自己的用人技巧引以为傲。我本打算向他解释，告诉他我已经尽力做到最好了，可是我立即意识到这只会让我们陷入为各自辩解的争论中。于是，我反问他这样说是什么意思。"

"他说：'没有人知道现在工作进展如何。我们已经好几个星期没举行过员工会议了。'这时，我意识到令他感到沮丧的是我与下属间缺乏沟通。就这样，我们谈话的主题变成了如何让所有人获悉工作进展，而并非我到底是不是个称职的主管。"

愚昧无知 VS 信息灵通

每次争辩的背后都隐藏着某人的无知。

——路易斯·D·布兰戴斯

前几日，有朋友致电道谢："我六岁大的孩子走到我面前，宣布说他很讨厌我，真心希望我不是他的妈妈。我当时很受伤。我首先想到的就是：'你这个不知感恩的孩子，在我为你付出了那么多之后你怎么能对我说这样的话？'随即，我意识到这于事无补，同时我想起了你告诉我面对指责时不妨以另一个问题反问回去。于是，我问他：'你想说什么呢？'"

"他抽泣着答道：'我所有的朋友都会在睡衣晚会上过夜，只有我不得不回家。这不公平。'当我知道他难过的真正原因后，我才能向他说明，他之所以不能在那儿过夜是因为第二天清早我们就得出发去参加他的曲棍球比赛。这个简单的问题使我没有说出任何愚蠢的话，在其帮助下，我没有盲目地反驳儿子伤人的话语，而是和他进行了一次效果相当不错的对话。"

寻找源头 VS 肤浅的回应

无知是不请自来的灾祸。

——**匿名**

下面的这个故事进一步揭示了了解制造麻烦局面的根本原因是多么重要。

在一个大雨倾盆的周末过后，一位老师走进她的教室，看到地板中央有一个水洼。她立刻叫来了门卫，告诉他这样不对。门卫赶来清理了水洼。第二天早晨，这位老师走进教室，结果昨天的一幕再现了。

第三天，这位老师第三次在教室中央发现了水洼，她给后勤主管打电话，解释说："一连三天，每天如此。你能来一趟，解决这件事吗？"

几分钟后，干瘦的后勤维护主管出现了，他的手里并没有拖把。这位老师疑惑地望着他，问道："你打算如何清除这个水洼？"他回答说：

“我不是来清除水洼的，我是来修补漏水的。”

很多时候，当某人说了或做了一些不公平甚至不友善的话和事情时，人们只会“清除水洼”。他们只对表面现象做出反应，而不去探究问题的根源，从根本上解决问题。

读懂他们的心思

说到底，机智就是读心。

——萨拉·奥恩·朱厄特

多年前，我参加了一次婚礼彩排。新人在红毯上刚刚走到一半的时候，五岁的女花童突然发脾气，怎么都不肯再排练下去。女孩的妈妈将她拉到一旁，试图教育她。

几分钟后，新人们再次踏入教堂，结果这个孩子第二次罢工。尴尬的母亲软硬兼施，一会儿哀求她配合一点，一会儿又厉声指责她。无奈两种方法都不奏效，小女孩依旧撅着嘴生气。

新郎和新娘渐渐失去了耐心，就在这时，女孩的祖母开口问道：“丽莎，你今天午睡了吗？”小女孩摇摇头。啊哈，她不听话的原因原来是这个！年迈的祖母看出这个显然很累且受到过多刺激的孩子现在需要的是睡觉，而不是责备。她把小孙女搂进怀里，带她走到教堂后面的长凳旁，轻轻哼起了摇篮曲。不一会儿，小女孩就睡着了。

我觉得自己很幸运，能够亲眼见到这位老祖母用她的智慧化解紧张的氛围。那位母亲只对女儿的行为做出了反应，换言之，她只是在清除“水洼”，但“水洼”还会再出现。运用“读心术”，加之敏锐的观察力，这位祖母才能弄清楚事情的原委，从根本上解决问题。这是一个修补漏水，消除水洼的完美例证。

对你而言，这意味着什么？当有人行为不端的时候，你可以选择自己的行为。你可以抱怨，也可以提问。通常，你都能通过将发言的皮球扔回给对方这一方法来弄清楚事件的根本原因。“你为什么会这样想”和“你这话是什么意思”是两个正当合理的方法，借此你能够识别出导致令人不悦的行为的原因，然后解决它。

当你不知道该说什么的时候应该说什么的行动方案

试想你今天的工作相当不顺。现在，你唯一的想法就是赶紧回家，踢掉脚上的鞋子，安静地歇会儿，放松一下。你一回到家立刻发现你的配偶也很沮丧。吃饭的时候，你问怎么回事，她立刻发作：“我们之间从没做过任何有意思的事情。”这是你今天晚上最不想听到的话，你实在不知该如何回答。

失败的话	可用的话
你带着情绪反驳（这可能会让你们陷入“是”/“不是”的争辩之中）。 “我们上周不是刚刚参加了小镇舞会吗？”	你弄清楚到底是怎么回事。 “你这话是什么意思？”
你在毫不知情的状态下做出回答，而且表现得很不成熟。 “我们外出的次数比大多数夫妻都要多。”	你做出了更具智慧的选择，探寻更多信息。 “亲爱的，你为什么会这么说呢？”
你试图证明她错了，进而陷入了语言战。 “我难道没带你出去吃饭吗？我不是还带你去看了你想看的电影吗？”	你没有立刻为自己辩解，因此避免了语言战。 “你怎么会这样想呢？”
你对事件的表面现象做出反应，却忽视了事情的关键。 “嘿，我一周工作 50 个小时。我可没有精力外出、瞎逛什么的。”	你查询事件的根本原因，最终修好了漏洞。 “那就是说芭芭拉和比尔报名参加了排排舞学习班，而且……”

第九章

找到解决方法，而不是找错

我们的任务不是专注于弥补过去的指责，而是专注于找到未来的道路。

——约翰·F·肯尼迪

你是否参加过这样的讨论：单纯的讨论演变成了点名和找错大会？身处其中让人感觉很不舒服，对吗？

一位女性说她就曾经身处于各种指责之中，任何人都可以“畅所欲言”。“当时，我们正在开每月一次的例会，老板问我们要预算报告。我们的会计吞吞吐吐，极不情愿地回答说他还没做好。CEO 立刻询问原因。”

“会计说这根本就不是他的错，市场部的人没有上传最后的数据。市场部的主管立刻反驳说并非他们部门拖了全公司的后腿，他一直在等预测数据，他们在数据处理中心等了整整一个星期。数据处理代表说她几天前才刚刚收到文件，因为她的上司不在，所以她无法定夺最后的数据……就这样，大家彼此推诿。”

用这个手势让敌意止步

把问题当成是地上的洞。你可以把地挖得更深，又或者，你可以开辟一片新土地。

——匿名

从今天开始，你需要明白一个道理：争辩没有任何建设性的意义或价值。当你发现自己陷入口水战的时候，请举起手（手指指向天空，手掌向前），用一句简单的“我们不能这样做”来阻止眼前的一切。

为什么要用手势？这是吸引注意力最有效的方法。当人们开始说话，没有人会倾听理智的声音。像警察阻断交通时那样举起手是一个全世界的人们都能理解的手势：停止和中断。运动员们可能会用终点标识来阻止不守规矩的行为。教练和队长会用示意比赛时间到的手势来阻止他人的行为。

通过专注于解决方法，你能带领团队向更高的层次迈进。你可以这样说：“我们可以把今天下午剩下的时间全都用于争辩为何这件事尚未完结，但这对于按时提交预算报告于事无补。或者，我们可以集中精力想出如何尽快完成报告的解决方案。”

一位城市议员说：“通常情况下，我会认同这一做法，可有时候我们不是必须评估事实，找出责任方吗？最近，我们国家出现了一起令人颜面尽失的金融丑闻。如果不找出挪用公款的负责人，我们岂不都成了替罪羊？”

这位公共官员指出了非常重要的一点。在某些大家都热衷于争讼的职业领域，你在间接接受指责的时候需要特别小心，以免让自己惹上官非（舌讼学）。在这种情况下，一定要表明自己也是被迫公开指责某一方，而且这并非你一贯的处事风格。你可以说：“我真希望自己不必这样做，因为我实在不喜欢这种操作方式。然而眼下这不幸的状况要求我们必须找出为这些非法行为负责的个人，让他为自己的行为付出代价。之后，我希望大家能够专注于如何才能阻止这样的事情再次发生，重建国家的正直声誉。”

为过去争吵 VS 从过去获益

智慧的极致是活在当下，为未来盘算，从过去获益。

——无名氏

争辩只会浪费时间，因为你无法改变过去，你只能从中吸取教训。从今天开始，每当人们开始争吵，你都可以举起手，说：“这样于事无补。”在敌意造成伤害前终止它。你指出彼此间的语言攻击不会给任何人带来任何好处，专注于如何完成最初设定的目标才是更有效利用时间的方法。带领团队从“谁干的”这一思维模式转移到以行动为导向的“我们能做点什么”的处事态度上。

一位参加过研讨班的学员汇报说，她就曾将这一理念付诸实践，并取得了不错的效果。春假结束后，当她和家人们回到家中，一进门就闻到一股难闻的气味。最终，他们发现气味来源于厨房。有人临走前打开了冰箱门没关，里面所有的食物都坏了。

她丈夫立刻问道：“最后一个开冰箱的人是谁？”而责备声也随之响起。“路上吃的三明治是你做的。”“那时候我们还没走呢。出去后又回来拿苏打水的人可是你。”“不是我干的。最后一个离开房子的人不是我。”所有人都开始指责别人才是过错方。

“最后，”那位女性说，“我想起了你说过的让过去的事情过去这个技巧。我举起手，大声说：‘停！’接着，我冷静地说：‘这样于事无补。我们会一直这样争吵下去，辩解到底是谁没有关冰箱门，但这不会让厨房恢复干净。所以，让我们一起行动起来，收拾好这个烂摊子。等收拾干净以后，可以想个办法，当我们下次外出旅行时，由一个人负责在临走前巡视一遍家中情况，确保所有的门都关上了，不会再出任何问题。'"

当一名语言交警

从争吵中获益的唯一方法就是避免争吵。

——戴尔·卡耐基

一位与会者为如何避免争吵补充了他自己的见解："这听起来就像是我们应该充当一名语言交警。当人们即将发生语言碰撞的时候，我们就得跳出来，赶在碰撞造成破坏前阻止他们。"

他说得一点都没错。当讨论逐渐演变成白热化的辩论时，讨论参与者们开始彼此伤害就已经在所难免。你可以当一个无辜的旁观者，但是阻止碰撞和摩擦将会使所有在场者都受益。

妥善处理这一情况的关键——从而使你不至于冒犯任何人——就是使用"我们"之类的词语。"你们"之类的字眼（"你们要马上停止"或"你们为什么不能停止争吵呢"）可能会让对方感到难堪，同时让他们觉得你很傲慢地将自己隔离于他们之外。通过使用"让我们"或"我们"这样的集合称谓，你会让其他人觉得，你显然是从团队的利益角度出发的，他们将会感谢你为了帮助他们而采取的干预措施。

从原因转向结果

在说真话的时刻，理由和结果只能二选一。

——查克·叶格

格兰达是一名睿智的幼儿园教师，正是她告诉我，我好意试图化解儿子之间争吵的努力恰好反过来助长了他们的争吵。当他们俩意见不一致的时候，我调解得越多，他们争得反而越多，吵得也越凶。为什么会这样？因为他们的争执会引起妈妈的极大关注。在行为处事方面，我的两个儿子给我上了极好的一课。

在格兰达的帮助下，我意识到试图找出谁应该对此负责的做法会在孩子间引发受害者—告密者综合征，这只会对终止争吵起到反作用。发掘探寻更多的细节将会鼓励而非消除这一不健康的模式。当孩子们开始争吵，格兰达会举起手，让卷入纠纷的孩子们“安静下来”。“安静下来”是一个比“停止说话”更有效的指令，因为它清楚地指示出了孩子们该做什么，阐明了你想看到的行为。接着，格兰达会把争吵的孩子分开，告诉他们这样做是不对的，让他们先自己一个人玩，直到他们做好准备能够以尊重彼此的态度去对待其他小朋友。

许多来参加舌功学研讨班的父母向我们抱怨，一件事情他们常常要说上三四遍孩子们才会听。其实，父母们可以不必一再重复自己的话，从而扭转这一令人沮丧的局面。他们只需说：“孩子们，看着我。”相比“请注意”这种抽象的指令，前者更能引起孩子们的注意，也更具体。保持沉默，直到所有人都安静下来看着你，然后再用坚定的口吻陈述你要说的话：“我只会说一遍。要么大家一起分享玩具，要么我就把它们全都拿走收起来。现在，给彼此一点空间，像好朋友一样相处。”

如果这时候有孩子抗议：“可这不公平。是他……”你需要做的是扬起眉毛，而不是提高音调。你只需要举起手，睁大眼睛望着他，似乎是在对他说：“你不是真的想这样做吧？”通常，这已经足够让孩子知道你在这件事情上说一不二的态度。你拒绝深究争吵开始的原因这一做法让孩子意识到你看重的是行为，而非借口。

手足对抗 VS 手足狂欢

你是否期望自己的孩子们相处融洽？或者说你希望他们如此吗？

——约翰·罗斯蒙德

一位母亲高兴地写信告诉我们，她利用这一技巧让时常对峙的两姐妹和好如初。她说："过去，我的两个女儿时不时就会吵得不可开交。我也尝试过充当她们的调解员，然而事与愿违的是情况非但没有好转，她们还常常因为觉得我袒护另一方而变得更加过激。"

"参加完研讨班的第二天，我就召开了一次家庭会议，宣布说，我再也不会忍受她们那些毫无意义的争执。我使用了你推荐的技巧，努力寻找解决方法而不是寻找过错，并且清楚地告知姐妹俩，无论何时，只要她们开始争吵我就会阻止她们。这时，她们可以选择自己主动分开，到家中的其他地方去，或者她们可以专注于最能够从对方那里得到的东西，而不是那些她们自己也不想要的。"

"当然，她们试探了我。第二天，我的小女儿就大发脾气，因为姐姐在没有得到允许的情况下穿了她的裙子。我的大女儿则指责妹妹穿了她最喜欢的毛衫去上学，眼看两人就要吵起来了。"

"这时，我举起手，说：'姑娘们……'你知道吗？我甚至还没说完，她们就已经停止了争吵！姐妹俩立刻放弃了斗嘴，并和彼此确立了互借衣服的规则。举起手这个标志性的动作足以提醒她们我们之前的约定：只关注结果，而非原因。"

看到这儿，你是不是在想"我没有孩子，所以这对我而言没太大意义"？其实，只需将这一技巧稍稍改变，它就能适用于各个年龄阶段的人。你应当明白，当你试图周旋于两个朋友之间，调解他们的纠纷时，众所周知，你最后可能会陷入两边都不讨好的尴尬境地。与其深陷于到底是谁对谁做了什么这个泥潭中无法自拔，还不如帮所有人一个忙，搁置争吵。你可以举起手说："嘿，到此为止吧。我们何必把时间浪费在往事上呢？"如果可以，你可以让所有人都站起来，暂时离开这个房间，从而使他们真正地放下这一话题，开始新的议题。

寻找解决方案而非找出错的行动方案

你正在杂货店买东西。当收银员将你选好的堆积如山的商品全部扫码后，她告诉你，你的信用卡无法付账。当时的你没带现金或其他支票，商店经理让你把那堆商品放回原处。一想到是因为配偶没有按照约定及时偿还账单，你才会陷入此等尴尬境地，你就火冒三丈。这时候，你该怎么办？

失败的话	可用的话
你专注于过去以及已经出现的问题上，但这样于事无补。 "你怎么没有按照之前说好的还账单？"	你专注于未来以及如何才能解决问题——这样做才具有建设性意义。 "你今天能不能把我们的VISA账单付了？这样我们的卡就能用了。"
你执着于事件的原因：他为什么没有付账单？ "你这话什么意思，你没有时间？你上个星期就应该把它们寄出去了！"	你把注意力集中在现在能做什么上。 "以后，如果我们不能按时还信用卡账单，你能不能事先告诉我？我就可以不用它。"
你为谁应该对此负责而争执不休。 "因为你的过错让我在那么多人面前丢了脸。你竟然还说我应该事先和你核实一下？我怎么会知道你没还账单？"	你举起手，终止敌意，然后说："我们以后别这样做了。" "互相指责于事无补。取而代之的，我们应该想办法让这样的事情今后不再发生。"
你为此与配偶反复争论事情的原因。 "这和你工作忙不忙根本没关系。这根本就不是借口。"	你和配偶讨论事情的结果，以及你们都想要的行为。 "我们的立场一致。我们都想要我们的账单能及时还清。"

TONGUE FU!

第二部分

让你失败的话语，你该利用的话语

第十章

承认，不争吵

棍棒和石头能击碎我的骨头，可话语会让我心碎。

——罗伯特·富尔格姆

正如罗伯特·富尔格姆注意到的，孩子们唱的歌谣“棍棒和石头能击碎我的骨头，可是话语却伤害不了我”绝非事实。话语也能伤人。事实上，有些话会让人们感到受责备、羞耻、被批判或被拒绝——并随即做出相应的反应。

在这一部分的章节中，我将会定义出那些能够用作武器的话语。武器的定义是：“进攻或防守战斗中的一种设备，用于作战的东西。”你会想避免使用战斗词语，因为它们会激发对方的敌意，从而导致语言战争的爆发。

在我的课题组，我们称这部分内容为“让你失败的话语和可利用的话语”。成千上万的学员们向我们反馈，用友好的话语取代战斗词汇已经使他们的日常沟通——工作中、家中以及社区中——发生了戏剧性的变化。

有帮助的话语 VS 伤人的话语

话语就像晾在绳上的衣服，会在思绪的风中随风飘荡。

——兰姆肖·达斯

最近，我租了一辆车。租车期间，我目睹的场景恰好戏剧性地证实一旦使用让你失败的话语，伤害就在所难免。

一个女人走进租车中心，说：“我名叫伊芙琳·琼斯。我预约了一辆福特野马。”雇员查看了登记本后说：“哦，没错，琼斯夫人。我找到了你的预约登记。”之后，他忽然变得有些吞吞吐吐：“可是，我们的野马车已经租完了。”

那个女人皱了皱眉头。“怎么会这样？几个星期前我就打电话预留了一辆野马车。”那名雇员答道：“是的，记录上是这么写的，可是今天早上野马车全都租出了。”

他的顾客显然很不高兴：“我不明白了。我明明花时间打过电话。你们说过会留一辆给我。”

“我知道，可是今天早上当班的是个新来的，她忘了查看预留名单。”

当我离开时，他们还在继续争吵。为什么？租车中心的雇员不停地使用“可是”，这个词语会不断地否定之前他说出的话，由此与对方建立了一种对立关系。“可是”就好像是一个语言锤子，一锤一锤地将讨论变成辩论。

承上启下 VS 取消声明

你无法用锤子构建一段关系。

——无名氏

你想知道如何构建一种平静的对话氛围吗?

从今天开始，使用富有建设性的词语“而”，取代破坏性的词语“可是”。这个词语的美妙之处就在于如前所述，它意在构建对话，而非终止和封闭对话。它会促使谈话前进，而不是将谈话转变成争吵并由此搁浅。

那名雇员只需要说：“是的，琼斯夫人，您的确预约了一辆福特野马，很抱歉，现在这款车全都租出去了，我可以在同等租金的基础上为您提供一辆更高品质的车……”就可以快速处理完这次交易。

请想一想，许多坏消息是不是都伴随着“可是”而来?“这件事你干得不错，可是……”“我知道我们说过这只需要15分钟，可是……”这个词语会制造出一种“完蛋了”的反应，因为听者知道他们马上就会听到自己不想听到的话。“我知道你是多么需要这笔贷款，可是……”意味着“你将得不到这笔贷款”。人们会完全无视“可是”之前的谈话内容，因为他们知道随着这个词语而来的话语才会对自己产生影响。

连词“而”可以让其前后的话语同时成立，哪怕前言与后语意义完全相反。“这件事你干得不错，而你能不能再多问他们一句是否可以……”“我知道我说过这只需要15分钟，而我现在很抱歉，我需要更长的时间。我们的电脑很快就能连上了，到那时我们就可以……”“我很愿意把这笔贷款批给你，而如果你能够提供纳税记录……”

“可是”消除，“而”认同

我当然在大叫。因为我错了!

——**莱斯利·查尔斯**

这句引文可以修改一下：“我当然在大叫。因为是你让我做错了！”“可是”这个词语会将之前说过的话的重要性最小化。“说得好，可是……”说话者真正想表达的是“你错了”，这句话评论的对象很可能会就此反驳。

一位英语老师写信告诉我们，她因此得到了一个令她大吃一惊的发现：

我从事教育工作已经20年了。一直以来，我都认为“可是”是一个连接句子或词组的连词，我也是这样教学生的。是你让我发现它并不能连接句子，相反，它使句子相互冲突。我在字典里查找了“冲突”这个词语，词条解释为“一种不和或矛盾的状态”。“可是”并不会将话语连接起来，它会在它们之间制造矛盾，因为这个词语的存在，其前后的话语会因此变得价值不平等。

我的学生们学习了这个词语的使用方法。最后，他们都得出了相同的结论——“可是”意味着坏消息。“我知道你想要用车，可是……”“我想让你加入团队，可是……”“你差一点就通过测试了，可是……”“我也想和你一起去参加舞会，可是……”

我和我的学生们决定和坏消息“可是”说再见。在我们的教师周会上，我向其他老师说起了这个想法，他们都表示要更改教案，在教学中体现这一“革命性”的新视角。我清楚地意识到，我们向学生教授的知识不仅仅是单词拼写、发音和语法，它还应当包括如何选择合适的词语，为我们的沟通添砖加瓦而不是暗加破坏。

意见不同 VS 辩论

能否让两种对立的观点共存于思想之中是对一流智慧的一种检测。

——F·斯科特·菲茨杰拉德

菲茨杰拉德这个观察结果的一种变体就是，在观点对立的情况下，恋爱中的两人是否能够让自己避免成为彼此的对手是对一段甜蜜关系的一种检测。其实，只要这两人使用“而”就一定能够做到这一点。一旦其中一人使用了“可是”，其言下之意就是“我的想法比你的更好，你的观点是错误的”。

有时候，我会让研讨班里的学员们两两组成一组，其中一人坚持单身最好的观点，而另一人则认为婚姻才是人生的最佳道路。我会让他们讨论什么才是人的最佳生活状态，试图用自己的观点去说服对方改变意见。通常，学员们的对话如下：

“你想一想，你怎么可能跟同一个人一直生活在一起呢？那实在是太枯燥、太单调了。只要你是单身，你就可以自由地去任何你想去的地方，和任何你希望在一起的人一起。”

“没错，可是一段时间以后你会变老。真正让人感到暖心的是无论今晚你是否回家，都有一个人始终关心着你。”

“可是，婚姻就意味着牵绊。当你想离开的时候，贷款、账单和赡养费会让你哪儿都去不了。”

“也许吧，可是你这种雅皮士的生活方式实在是太轻率、太不负责任了。生活不仅仅是夜夜笙歌。”

五分钟后，我让学员们停止练习，询问他们讨论的结果。这时，学员们往往会发现，哪怕他们是在进行角色扮演，随着讨论的深入，他们对讨论伙伴的怒气也会变得越来越大。我又问他们讨论中“可是”这个词语的出现频率有多高。许多人这才意识到自己每次开口几乎都会说出这个词语。他们在说出自己的观点之前毫不留情地驳斥了对方的话且浑然不觉。学员们意识到使用“可是”会建立一种乒乓球式的对话，这种谈话中没有谁会真正聆听对方的话。

我让他们继续讨论，只是这一次用“而”取代“可是”。在没有刻意尝试的情况下，学员们发现谈话变得更加谦恭有礼，不再是剑拔弩张的争论。

“你说得对，自由行动、享受当下的确让人感到无比快乐，而拥有几个孩子且他们认为你是这个世界上最棒的人，那感觉也很不错。”

“我能够明白那种需要安定的感觉，也明白生活需要更多长久性的东西，而你难道就不想无拘无束一次，难道就不想天马行空地走一回？”

前后两次谈话的差异令学员们惊叹。他们不再试图让对方“看到自己的错误”，而是开始认可对方，并以带有敬意的方式去思考对方的观点。

当你与某人意见出现分歧时，你们俩很可能都会不自觉地使用“可是”这个词语。“可是”会让矛盾成为永恒，“而”能够阻止矛盾的到来；“可是”会制造愤恨，“而”能够带来和谐。从今天开始，使用“而”来连接你的话语，这样你就能够从容地与他人讨论对立的观点，而你们的谈话也不会演变成一场唇枪舌战。

认可，不争吵的行动方案

你想养条狗，你父母不想养宠物。你们已经为此展开过激烈的讨论，你决定要全力以赴地向父母证明养宠物是个不错的主意。你该如何处理这次谈话呢？

失败的话	可用的话
你使用了语言武器，由此引发了消极反应。 “我知道你们不喜欢宠物，可是我喜欢。”	你使用积极的话语让谈话向着良性的方向发展。 “我知道你们不想养狗，而这对我来说很重要。”

续表

你使用“可是”，建立起一种对立的谈话关系。 “你说你们怕麻烦，可是负责看管它的人是我。”	你使用“而”，认可你父母的观点。 “我知道你们没有时间遛狗，而我可以照看它。”
你继续使用“可是”，使讨论陷入僵局，因为它否定了你父母所说的一切。 “你们说的我都听到了，可是我就是不明白你们在这件事上为什么如此固执。”	你继续使用“而”，促使讨论向前发展，讨论双方都专注于对方谈话的内容。 “我明白你们的感受，而我想我可以想办法解决这个问题，使你们担心的事情不会出现。”
你继续使用“可是”，彻底否定父母的观点。 “你们说看动物医生很贵，可是它又不会生病，所以你们就别担心了。”	你继续使用“而”，认同父母的观点。 “你们说的话我都听到了，而我会确保它及时接种疫苗，这样它就不会生病了。”

第十一章

成为一名教练，而非批评家

错误是通向发现的必经之路。

——舌功学

有人犯错时，你会怎么做？你会不会纠正那个人，告诉他应该怎么做？

下文这个故事向我们展示了“应该”这个词语所造成的破坏性影响，以及这个词语被另一个词语替换后所发生的戏剧性变化。

我的朋友查理是本地一所高中的橄榄球教练。许多年前，在联盟冠军赛中，他率领的球队与另一支球队比分相同。他们赛季内的最后一场比赛恰好是和这支球队对阵，比赛因此变得惊险而关键。第四节中，双方的比分战成 14 平，查理的球员得到了球，飞快地向前场冲去。他们的四分卫扔出一记长传，队里最好的接球手（查理的儿子约翰尼）沿边线向着最佳的接球点冲去。

就在接球之前，约翰尼做了一件他曾被告诫了无数次此刻绝对不能做的事情：他侧头瞟了一眼斜后方，想看看对方的防守球员距离他有多远。你们都能想到后来发生的事情。球从他的指尖擦过，落在了地上。沮丧的少年拖着沉重的步伐回到了场边的长椅上，头垂得很低，肩膀也耷拉了下来。

查理的情绪仍然沉浸在比赛中，他走到儿子身边，冲他嚷道："你这个白痴！你的眼睛应该一直看着球。你到底在想什么？那是个触地得分球。比赛的胜负就掌握在你手中，而你干砸了。"

他大声地斥责，直到这个沮丧的少年再也无法忍受。约翰尼站起来，用一种防卫性的口吻说道："爸爸，别再说了。我也不想这样的。我再也不想在你的球队里打球了。"

比赛结束后，受到羞辱的男孩搭一个朋友的车回到了家中，径直上楼，走进自己的房间，一个字都没和他的父亲说。

停止向人们说"应该"

只要你明智地利用经验，就绝不会浪费时间。

——**奥古斯特·罗丹**

第二天早晨，查理和我打电话谈起了前一天的比赛。他说："我知道我让事情变得更糟了。可是，当一个人做了如此愚蠢的一件事后，你又能说什么呢？"

我问查理："你认识的人中有人能够改变过去吗？当人们犯错时，如果我们告诉他们——你做错了，他们只会怨恨我们，哪怕我们说的是对的，因为他们无法改变已经发生的事情。"

"将'应该'从你的字典里删除——它没有任何建设性的价值，哪怕有也微乎其微。你听过'丢脸'这个词吗？你知道什么叫丢脸吗？丢脸就是失去尊严。当我们告诉某人他原本应该怎样做的时候，那个人会感到很无助，因为他无法消除自己的错误。"

"当人们犯错的时候，你可以猛烈抨击犯错者，也可以从中吸取教训。既然你儿子无法捡回他没接到的那个球，他唯一能做的就是从中吸取教训。通过吸取教训，他完全可以将这个尴尬的时刻转变成一次有意义的人生经历，继续前进，而不必拘泥于已经发生的事情，萌生后退的念头。”

几个星期后，我在路上偶遇查理，他告诉我不仅为自己冲儿子发火一事向其道了歉，还借助这次令人失望的比赛事件重新调整了他与其他队员及家人的沟通方式。“我意识到我们都会犯错，而你的意见恰好就是教练与批评家之间的差异。现在，当有人做错事时，我不会再用‘应该’这样的词语去责备他们。我会马上建议他们下次或从此刻开始怎样才会不犯错。”

寻找教训

伤心的时候，你可以学点什么。

——梅林

试想有人对你说：“你应该首先填好这份表格。”“你应该早点把这份邮件发给我。”“你该早点把车拿来。”

听了这些话，你是不是觉得对方在斥责你？这种事后诸葛亮的建议只会带来怨恨，因为这个人说的每一个字都没有任何意义。哪怕给出的建议是正确的，这样做也非明智之举。“应该”这个词语相当于父母用食指指着自己的孩子教训他做错了事。

试想一下，如果那个人将目光落在未来，并没有惩罚你，你的感受又会如何呢？再试想一下，如果那个人不是一开始就因为错误而惩罚你，而是告诉你今后如何才能避免再犯同样的错误，你的反应会如何？“下一次，如果你能事先填好这些表格，我们就能加快办理的进度。”“以后，你能不能提前先把日程安排用电子邮件发给我呢？”“从今天开始，只要你的油箱灯开始闪，你就把车开到我们这儿来，我们就能在发动机受损前给你检查了。”

羞辱 VS 修整

教育的秘密在于尊重学生。

——拉尔夫·沃尔多·爱默生

在一次研讨班中，一位学员说道：“我认为，这个用教育取代责备的理念是领导者的一项重要素质。”我的第一任上司的办公桌上有一小块牌子，上面写着：“所有经历都是一种对灵魂的教育。”他教会了我要对行为进行修整，而不是以之为羞辱。如果我的手下做错了事，我会问他们现在打算怎么做，而不是反复责问他们为什么没有按照我告诉他们的方法去做。

“上周，我就得到了一个实践这一理念的机会。一名新员工误用了我们的一个软件程序，结果导致电脑死机，我们因此失去了所有的库存清单。不仅如此，由于她没有用备用盘储存我们的文件，从而使得这一错误操作造成的损失翻了一番。‘应该’这个词语已经滑到了我的嘴边：‘你应该告诉我们你不知道如何进数据库。’‘当电脑死机的时候，你本不应该关机，而是不去碰它。’”

“幸运的是，我上司的‘修整，不羞辱’的原则一直回荡在我脑海里。因此，我没有冲她大发雷霆，使她心情变得更糟，相反我问她从中学到了什么。她坦承自己不会用电脑，并且为自己造成的这一损失不小的错误向我道歉，同时表示她愿意做任何事情来弥补。我对她说‘为已经打翻的牛奶而哭泣’没有任何意义，现在我们只有把时间用在如何恢复我们的文件上才是明智的做法。”

“当天晚些时候，她走进我的办公室，对我处理这个特大错误的方式表示感谢，同时问我，她能不能参加培训课程从而避免再次损坏我们的电脑系统。她说：‘换作是上一份工作，如果我犯了这么大的错误，我的上司一定会冲我大吼大叫。那也是我离开那家公司的原因，我再也无法忍受他暴虐的工作方式。谢谢你像对待一个人一样对我。’”

“将失败看成是成功的敌人是许多人都会犯的一个常见错误。”老托马斯·J·沃森说过。“失败是老师——一位严厉的老师，但也是最好的老师。让失败为你效劳。”下一次，如果你或你身边的人犯了错，让这个错误为你服务，而不是让它成为你的对手。将造成伤害的事件变成你的老师，而你也将因此变成一个更好——而不是更苛刻——的人。

成为教练而非批评家的行动方案

你的孩子将成绩单带回了家。当你看到他数学不及格的时候，你大吃一惊。你根本不知道他在这门学科的学习中遇到了麻烦，你担心他这门功课不及格会影响之后的大学升学。你该如何和儿子谈论此事呢？

失败的话	可用的话
你专注于错误，并为他的错误对他百般指责。 “你怎么不告诉我你数学遇到了问题？”	你专注于此事的教训，问他怎样才能解决问题。 “你打算怎么做来提高这门功课的成绩？”
你使用了“应该”，并且努力让他为自己的行为感到羞愧。 “你应该更加努力学习，而不是守着电视机看电视。”	你使用了“从今天开始”，来修整他的行为。 “从今天开始，在家庭作业完成之前不能看电视。”

续表

你使用了“本该”，为他过去的行为惩罚他。 “如果你不懂，你本该问老师。”	你使用了“下一次”，帮助他为将来做准备。 “下一次当你不确定作业该怎么做的时候，一定要不耻下问。”
你批评他，让他觉得自己是一个失败者。 “你这种对学习不上心的态度太让我失望。”	你训练他，帮助他从当前的情况中吸取教训。 “我知道你会好好完成你的数学作业。”

第十二章

将命令变成请求

一个人被说服但违背其自我意愿……那这个人就没有被说服。

——劳伦斯·J·彼得

你认识的人当中有喜欢被呼来喝去的吗？答案可能是没有。

看看下面这些话，“你必须回电话！”“你必须在我核实你的收支平衡前把账目交给我过目！”“你必须去问乔治！”当听到以“你必须”开头的命令时，你是不是感到内心有种反抗的冲动？你是否曾停下来想一想为什么会这样呢？

不得不要 VS 想要

一个人被说服但违背了自己的意愿，那他的想法就没有改变。

——无名氏

从醒来到上床睡觉，一天之中，你做任何事情无非是为了两个原因。想想看，人们做事情不是因为他们不得不做，就是因为他们想去做。

如果你不得不做某事（否则你就会因其后果而痛苦），你会去做。然而，你的行动中将会包含被我称为 3R 的情绪：勉强（reluctance）、怨恨（resentment）和抵触（resistance）。（一位研讨班的学员曾大声说：“假如有人强迫我做某事，我会做……带着愤怒！”另一位学员感同身受地在一旁插嘴道：“我会做，带着报复心！”）只有当你想去做某事的时候，你才会自觉自愿地采取行动。

这就是为何对命令进行解构，将其转变成请求或建议会显得如此重要。将命令变成建议会促使人们的思想状态由不得不为之的模式转化成想为之的模式。

试想一下，如果有人将他发出的命令重新措辞，转变成问题，你的感觉是不是会好很多呢？“她现在不在。请问你是想稍后再打来，还是我帮你给她留个口信呢？”“如果你能现在就把账目数据给我，我会非常乐意帮你查看你的收支平衡状况。”“乔治是这个项目的负责人。如果你愿意，可以打这个号码找到他，他将会详细地告知你该项目目前的进展情况。”

自治的定义是“自我指导的自由”，或者说“能够自我管理的能力或状态”。每个人都想自治，没有人乐意被剥夺自治权。在上文所举的例子当中，你可以看到这些问题其实给了你自主决定的权利，使你可以选择自己的行为。对此，你可能会更加乐意与之合作，因为你觉得你掌握了控制权。

控制 VS 选择

社会公德……非也。

——舌功学

一位研讨班学员发言问道：“如果他们没有选择呢？我并没有打算问下属他们是否乐意参加入职培训。这不是可选的选择，是命令。”另一位与会者补充了他的想法：“在清扫他的房间这件事上，如果我给儿子以选择，那他永远都会选择不打扫。”

和本书中其他技巧一样，这个理念同样也居于仆人的地位，绝非主人。有时候，你的确必须掌握控制权，告诉人们做什么；然而，用能够将矛盾最小化的方法来表达这些要求是一种能够让所有人都受益的沟通方式。如果你用一种礼貌的方式说出命令，人们通常都会选择顺从。

顺从是“遵守或为满足他人的意愿而采取的行为”。只要你肯花时间全面细致地对命令进行措辞，其他人接受你权威的可能性就会大大提升。他们会自发地配合你，因为你以一种请求的方式表达了你的规则，而不是掐着他们的脖子迫使他们遵守。

命令 VS 礼貌

生命尚不至于短暂得让你失去礼节。

——拉尔夫·沃尔多·爱默生

看看以下这些修改前后的例句。通过重新措辞，那些令人讨厌的命令是不是变得更容易接受了呢？

命令	请求／建议
“这个星期五，你必须来参加员工入职培训。所有新员工都必须参加。”	“你能来参加星期五的员工入职培训吗？所有新员工到时都会出席。”
“你必须和弗恩一起完成这个项目。”	“你能和弗恩一起合作完成这份报告吗？”
“在和小伙伴一起玩之前，你必须先把垃圾倒掉。”	“如果你能把垃圾先倒掉，你就能和小伙伴出去玩了。”
“你必须去办理许可证办公室拿表格，然后你得把那个表格拿回来给我们签字。”	“办理许可证办公室在三楼。如果你能上楼去拿了表格，然后拿回来，我们会非常乐意给你签字。”

一位秘书写信告诉我们，她的经理参加了我们的研讨班并牢牢记住了这一理念。她为这位极富侵略性的管理者工作了多年，他粗暴的管理方式和发号施令的习惯已经开始渐渐消失。以前，每天早晨他都会给她一份长长的工作清单，一天当中，他时不时就会打电话向我指示工作："把玛努埃尔的电话号码给我。""安吉，十分钟后我就要那份日程安排。""把那些蓝图拿给我。"

她说："自从参加完你的研讨班后，他在工作清单的最上面写着'安吉，你能不能……'然后再列出需要完成的工作。他不再像以前一样在办公室里大声冲我咆哮，而是使用内线电话，问我：'你有玛努埃尔的电话吗？''你能在会议后把会议日程准备好吗？''请你把那些蓝图拿进来，好吗？'有好几次，他还自己站起来，走到我办公桌前，告诉我他需要我做什么。"

"他的这一转变让我大吃一惊。最后，我问了他这一切到底是怎么回事，他向我解释了失败的话/可用的话。你的课程让他开始评估他与员工和家人的沟通方式。他意识到这么多年来他习惯了当老板，以至于养成了对身边所有人都颐指气使的习惯。他也发现自己这种独裁者的方式已经让下属和家人渐渐疏远他。他以自己的人品担保，他已决定亡羊补牢，而且正在有意识地在与他人沟通中表现得更加谦恭。相信我，这也让为他工作变得轻松快乐了许多。"

告诫 VS 询问

每个立志成为老师的人，其真正目标都不应该是传授自己的观念，而是照亮心灵。

——弗雷德里克·罗伯森

告诫是另一个惹人烦恼的词语。有时候，父母和伴侣往往会陷入其中，跟在他们的孩子和配偶身后，“提醒”他们什么时候需要做什么。“你必须为明天的展示和陈述找点东西当话题。”“你需要练练钢琴，这样才能胸有成竹地在独奏会上表演。”“你最好今晚就买气，度数表上已经显示为零了。”“你必须立刻就去料理那些植物，它们已经枯萎了。”尽管这些提醒的初衷是想帮助对方，但在对方听来这更像是一种责备。这种不请自来的建议会激怒其接受者，使其故意拖沓、不作为。

对此，通过一些引导性的问题帮助他们自觉意识到需要做什么，从而促使他们完成这一行为才是更加委婉且有效的方法。这要求说话者有一定的深谋远虑，但是教育者和独裁者的区别恰恰就体现在这儿。教育（educate）一词的拉丁词根（duc）的意思是引导。“你打算为明天的展示和陈述做点什么？”“你在独奏会上演奏的乐曲准备得怎么样了？”“还有足够的气供你明天早上工作吗？”“你觉得这些植物是不是需要浇水了？”

看到这些询问是如何以一种“更加友善且温和”的方式引出后续行为了吧？从现在开始，不失尊严地给予指导。以引导性的询问帮助他们自己得出该做什么的结论，不要再傲慢地替他人思考，因为这在某种程度上会引来他们的怨恨。用问题照亮他们的思想，而不是以命令扼杀他们的主动性。

将命令变成请求的行动方案

你被自己的团队指派为一个流动厨房的协调员。你必须确保所有人都知道该做什么以及怎样做。你将如何完成这一角色呢？

失败的话	可用的话
你自认为负责人就意味着发号施令和指派任务。 “听着，这个是你们需要在接下来两小时内完成的工作清单。你们必须加快动作，按时完成任务。”	你明白领导意味着谦恭地指引，从而促使人们选择自发地行动。 “谢谢大家今天来到这里。让我们先大致讲一下需要完成哪些工作，这样到下午六点我们就能准备就绪了。”
你开始告诉人们他们应该做什么，他们也开始心生厌烦。 “凯西，你给胡萝卜削皮；乔治，你开始准备汤；亚力山德拉，你准备盘子。”	你以请求的口吻宣读命令，人们感到受到尊敬。 “凯西，你能把胡萝卜的皮削了吗？乔治，你是不是可以开始做汤了呢？”
你用“必须”宣布命令，人们觉得你颐指气使。 “安东尼，你必须在五点半前把烤箱准备好用来加热主菜，所以你现在就去做肉卷。”	你推荐性地指导大家，人们觉得有自主权，合作愉快，因为这是他们想做的。 “安东尼，你能先把肉卷做好吗？这样一来，烤箱就能先把焙盘预热了。”

第十三章

清除“不能，因为”障碍

将“不能”从你的思想中清除。

——塞缪尔·约翰逊

如果你的请求遭到拒绝你会作何感想？试想你问老板：“我能提前拿到薪水支票吗？我这个周末打算去拉斯维加斯。”而你的老板直言不讳地回答说：“不行，你不能，因为现在工资单还没批下来。”

你有没有发现“不”和“不能，因为”就像是一扇语言的大门，这门不仅被对方重重地关上了，更不幸的是你还一头撞了上去。这些词汇会在你和对方之间营造一种对立的氛围，因为他没有给你想要的。

假如你的老板将话语的焦点集中在你“能够得到的”上，而不是告诉你“不能得到的”：“好的，只要工资单一批下来你就能拿到你的薪水支票。”“好”和“只要……就”这两个词就好比打开了那扇大门，而不是重重地把它撞在你的脸上。

从现在开始，如果人们问你要东西，请记住你通常都能在满足某些条件的情况下达成他们的心愿。你只需要想一想如何及何时才能实现要求，而不是专注于那些无法做到的事情，以及解释原因。

相较于“不行，我们现在还不能开始比赛，因为裁判还没到”，“只要裁判一到我们就开始比赛。如果他五分钟后还没有出现，我们再开始也不迟啊”是不是听起来更容易接受？与其告诉别人“我无法查询库存里是否有那个物品，因为我们的电脑坏了”，你不如对他们说：“等我们的电脑一修好就能查看库存里是否有这件商品。现在，他们正在加紧修理，如果运气好，几分钟后电脑就能联网了。”

剥夺 VS 创造

任何人在真心帮助他人的同时一定也会有所得，这是生活中最美好的补偿之一。

——拉尔夫·沃尔多·爱默生

剥夺意为“从……拿走某物，予以扣留”。如果你告诉某人她不能做某事，你就扣留了她想要的，她将会因此而怨恨你。创造的含义是“计划获得或带来”。向对方说明如何才能实现其要求，而不是向其解释哪些事情无法实现。帮助他们，而不是疏远他们。你真心想帮助他人的努力最终也一定会令你有所收益。

一位带着三个孩子的单身父亲向我们讲述了他们家因此而发生的巨大改变。他说：“过去，我经常和孩子们争吵。他们会跑到我这里问我可不可以，我就告诉他们不可以。我总是拒绝他们的请求，我觉得自己就像是个坏蛋。‘不行，你不能玩电玩，因为你还没做完家务活。’‘不行，你现在不能玩电玩，因为你还没做完家庭作业。’‘不行，你不能吃冰激凌，因为你还没吃饭呢。’”

“你的研讨班向我展示了其实我也可以不那么刻薄。只要他们据理力争，我就可以用‘一……就’‘马上’这样的字眼让他们得到自己想要的。‘好的，等我买完东西回来你就能用车了。’‘是的，你做完家务之后可以留你的朋友在家里过夜。'‘你一写完作业就随时都能玩电玩。'‘没问题，我们吃完健康晚餐后，你就能吃冰激凌了。'"

从冷漠到共情

善意的话很简短，也易于出口，但它们带来的回音永无止境。

——特蕾莎修女

如果你无法说出“没问题，只要……就”或“是的，你马上……”呢？如果你没有办法满足对方的心愿呢？如果你什么也做不了，根本无法帮助他们呢？你需要明白的是，如果你坚持使用“这不可能”或“什么都没有”这样的话语，你和对方最终都只能沮丧而归。你会觉得自己无能，无法满足对方，而他们会觉得你对他们的两难境地漠不关心。

从现在开始，你可以用“但愿”和“我希望”这样的话来软化坏消息。“这不可能”或“什么办法都没有”显得冷漠。“但愿”或“我希望”则是一种共情。你无法总是满足人们的要求。但是，你可以给予他们关心，从而使他们知道你很在乎他们。你选择使用善意话语，放弃粗暴表达的决定——用特蕾莎修女的话来说——带来的回音永无止境。

相较于“我无法将你的复本发在本月的简报上，太晚了”，你可以说：“我真希望能够在本期简报上刊登你的复本，而现在简报都已经下印厂了。如果你愿意，我可以把它保留在案，下个月在显著的位置上刊登出来。”你可以告诉他们：“我也想今天早上就把你的订单发出去，我们的卡车也还在码头等着呢。等车一回来我就给你打电话。”而不是冷冰冰地说：“今天早上我们不可能给你发货。货物现在还没有抵达码头。”

试想，你正设法回家与家人共度圣诞假期，然而因为一场暴风雪，机场关闭了。如果航空公司的员工说：“看看，所有的航班都取消了。

我什么也做不了。你今天早上是走不成了。”或者：“在这样的天气里，飞机无法起飞，你只能等天放晴。”这样的话或多或少都会让你颇为恼火。面对你的困境，航空公司雇员显得漠不关心。

如果那名雇员说：“我真希望你乘坐的航班能够起飞。我知道你想回家过圣诞节。现在能做的就是只要他们重新开放机场，我立刻就会发布通知。”或：“对于你的航班因为大雪而无法起飞这件事，我深表遗憾。我能够做的就是给你一张就餐券，让你在等待的时候可以买一份饭，边吃边等。”“我真希望”和“我能够做的”就好比门廊，“我做不到”和“什么办法也没有”则是一条死胡同。

什么办法也没有 VS 能做的事

点亮蜡烛比诅咒黑暗好。

——克里斯多夫社区的座右铭

一位母亲说她等不及回家就已经用到了“我希望”这一理念。“前一天晚上，我女儿跑回家，围着我转，说她赢得了学校戏剧比赛，并且告诉了我戏剧开幕夜是哪一天，让我留出时间去参加。我查看了我的日历，结果发现那个周末得出城去参加一个会议，无法参加开幕夜活动。当我把这个消息告诉女儿之后，她央求我改变工作计划。我十分遗憾地向她解释我不可能改变行程。”

“因为出差，我已经多次错过了女儿的活动，这次事件成为了最后一根稻草。她指责我关心工作胜过关心她。我尝试着向她保证事情不是这样的，可是她根本就不听我说。”

“现在，我明白因为我坚持在这件事上无所行动，所以她觉得我很死板，而且对她漠不关心，丝毫没有意识到这对她有多重要。假如一开始我就对她说‘我也希望能够在她最闪耀的时刻坐在最前排的位置看着她’，她也许就能明白我真的不是对此漠不关心了。”

“我意识到我还是能做点什么的。今天晚上，等我和她聊天的时候，我打算问问她能不能让一个朋友拍下她表演的戏剧，等我出差回来，我们就能在家享受母女俩的私人时光了。我们可以一起坐在沙发上，她可以在我身边为我解说她的整场表演。通过这种方式，她将会明白我真的很想和她分享并庆祝她的成功时刻。”

敏锐感知，不挖苦

有时候，怜悯远大过付出，因为对一个人而言，钱是身外物，可是他投入的情感源自于他灵魂深处。

——W·H·蒙特福德

一位公园管理员说：“这个理念对于我的员工实在是太有用了。我们是游客们与公园的唯一接触点，所以所有的投诉抱怨最终都会落在我们身上。人们向我们抱怨露营地过于拥挤，卫生间不干净，以及路边标识被人肆意破坏。有人甚至还因为蚊子向我们投诉！”

“我不明白人们为什么要把自己沮丧的情绪发泄在我们身上。蚊子不是我们邀请来的；我们无法阻止犯罪。他们到底期望我们怎么做？”

“我能够看得出来，相对于耸耸肩对游客们说‘关于蚊子，我们无能为力。夏天到了，你应该想到哪儿都是蚊子’，如果我们能对他们说‘也许你想在公园入口处拿一些驱蚊液，它能够让蚊子不靠近你’，这样的话就会让我们显得更富同情心。与其语带讽刺地说‘如果总部想在假期周末空降三百个人来这儿野营我们也没办法’，倒不如赞成他们的观点，说：‘我也希望人少点就好了。如果你们可以在淡季来玩，公园里的人就会少多了，到那时你们就能独自享受小径了。’用‘我们不可能一天二十四小时时时刻刻监控卫生间’这种说法生硬地打断他们，还不如对他们的处境表示同情：‘对于卫生间里如此不堪的卫生情况，我真的很抱歉。’”

如果用克里斯多夫社区的座右铭来解释，告诉人们，你无能为力或他们不可能如愿以偿就是诅咒黑暗。选择将焦点集中在你能做的事情以及他们能够获得的满足上就是用同情心去点亮蜡烛。

清除“不能，因为”障碍行动方案

你在一家繁忙的旅游公司里工作，你的办公桌上堆满了未经确认的客人名单和行程单。一位客人打电话来咨询一条复杂的旅行线路，她要你帮她查询最优惠的线路价格，并且尽快回电话，告诉她航班时间。你已经积压了大量的工作，知道今天自己不可能找到她想要的信息并告诉她。你会如何把这个消息告知对方呢？

失败的话	可用的话
你将自己无法做到的事情告知客户，她因为请求遭到拒绝而感到不悦。 “现在，我无法为你搜索信息，因为我实在太忙了。我明天才能给你想要的信息。”	你告诉客户哪些是你现在能够做的，她感到自己的要求得到了重视。 “明天一早，我会首先为你查找最优惠的线路价格。”
你剥夺了她想要的，她由此产生了疏远感。 “我现在无法帮你查询这些信息。好几位客户都在等客票信息，我得先帮他们订票。”	你让她知道你是如何帮助她达成心愿，她心存感谢。 “等我一弄完这些客票，我首先就为你查询线路信息。”
你向她解释你为何现在不能帮她查询。她觉得你很冷漠。 “我不可能把其他工作都放下来为你服务，这对其他客人不公平。”	你告诉她，你真的很想现在就帮她，她会觉得你设身处地为她着想。 “我真希望现在就能找到你想要的信息，而我需要先处理这些事情。”

第十四章

无麻烦一身轻

我们看到的事情不是它们原本的样子，而是我们想要看到的样子。

——阿娜伊斯·宁

你想知道另一个会制造麻烦的词语是什么吗?

那就是“麻烦”这个词本身。对于科学家和数学家而言，这个词只是意味着“一个会引来质询、思考或解决方法的问题”，该词语并不包含任何贬义色彩。

然而，对大多数人而言，“麻烦”这个词语意味着烦恼。韦氏词典上“麻烦”的定义是“困惑、危难或烦恼的一个起因”。如果你在日常对话中使用这个词语，对方就会觉得出了问题，哪怕事实并非如此。听者将会因此而困惑、悲痛或烦恼，而你将会需要面对一个不好相处的人!

麻烦等同于出了问题

如果锤子是你唯一的工具，你往往会把所有麻烦都看成是钉子。

——亚伯拉罕·马斯洛

当我介绍这一章的“失败的话”时，一位精品店店主哈哈大笑起来。她说：“上个月，我参加了一个企业家培训项目。其间，我们谈到了MBWA（散步管理法）。导师对我们说，如果总是坐在办公桌后埋头于书面工作，我们将无法履行管理者的职能，因为我们失去了与第一线员工接触的机会。”

“在我看来，这很有道理，因为我就常常被困在一大堆文件之中，所以我郑重决定每隔几个小时就走出办公室，去卖场看看，问问我的员工情况如何。你猜我是如何和他们打招呼的？‘有问题吗？’毫无疑问，我这样问后听到的似乎全都是抱怨。从现在开始，我打算用‘情况如何’或‘今天的业绩好吗’这样的话来开始谈话，从而鼓励他们和我说说发生的事情，而不是一味地抱怨。”

开放 VS 压抑的沟通

正确的话是强大的媒介。无论何时，只要我们遇到正确的话，其效果不仅仅体现在可见的物质上，还反映在精神上。

——**马克·吐温**

在专为父母举办的舌功学研讨班上，一位男学员悲伤地摇了摇头，说道：“要是我能早点了解这些就好了。我儿子成年后已经很少和我说话了。昨天晚上，他打电话给我，问：‘爸爸，我能和你聊聊吗？’你们猜我是怎么回答的？‘当然了，儿子，出了什么问题？’现在，我明白这样的回答一定会让他认为他给老父亲打电话的唯一原因就是他遇到了麻烦。”

正如马克·吐温观察到的，话语具有物质和精神的双重功效。过于频繁地使用“麻烦”一词会使人气馁，而且也的确会让人们刻意远离你。最好的做法就是保守而谨慎地使用这个词语。

改变你的措辞，你的形象会因此而改变

我们的生活全都拜我们的思想所赐。

——马库斯·奥里利乌斯

我们的外在形象也是由我们的话语决定的。一位职业零售商说：“我的百货公司对这一理念做了些许调整并应用于实际，结果成效斐然。我们为投诉部门重新命名，现在我们叫它质量保障部。部门更名后，该部门的员工士气和表现都有了提升。过去，他们觉得自己的工作很压抑，因为记录和修正问题是他们全部的工作内容。现在，他们觉得自己的职责是维持卓越。他们收到的每一份评语都是改进我们服务和产品质量的机会。他们为自己的工作感到骄傲，因为他们认为自己的每一分努力都是在为公司声誉贡献力量。”

通过用积极的词汇代替“麻烦”一词，你能让任何一次对话都向着更好的方向发展。以下是一些例子：

之前	之后
“雪莉，我的秘书说你来过电话。有什么问题吗？”	“嘿，雪莉，你刚才打电话想和我说什么？”
“是时候回去工作了。散会前，大家还有什么问题需要讨论吗？”	“在本次会议结束前，还有什么事情是我们需要考虑的吗？”
“你周五下午请假，我这边完全没问题。”	“好的，你这个星期五下午可以休假。这是你应得的。”
“我觉得你对待那位客人的方法有问题。”	“玛帕诺先生到底发生了什么事？”
“没问题。我正在做我的工作。”	“不客气。很高兴能帮到你。”或：“这是我的荣幸。”
“你想知道你的问题是什么？除了你自己，你从来不会考虑其他人。”	“你能更加体贴一点，多关心一下身边的人吗？”

凯瑟琳和她的丈夫一起经营一家小花店，她告诉我这个理念对她丈夫产生了十分深远的影响："我觉得他根本就没有意识到频繁使用'麻烦'一词的做法正在影响他对生活的态度。对哈利而言，所有事情都是麻烦。"

"当我送完花回来问他店里情况如何时，他会说：'一个麻烦接着一个麻烦。'或者他会抗议说：'为什么所有人都把他们的问题丢给我？'如果我们的雇员走进花店后面的房间，表示想和他谈一谈，他一定会说：'说吧，有什么问题？'谈话结束时，他总是会问：'还有别的问题吗？'当有客人询问鲜花是否能当天送达时，他不是回答说'没问题'，就是说'有点问题，我们送不了'。昨天，我们的女儿让他早点下班，面对女儿的恳求，他只是敷衍地答了一句'没问题'。"

凯瑟琳注意到她的丈夫使用"麻烦／问题"这个词语已经成了一种习惯，而且丝毫没有意识到这一做法日积月累后对他造成的消极影响。

凯瑟琳接着说："我买了你的录音带，在上班的路上我们一起听。当你讲到'麻烦／问题'那部分的时候，哈利一动不动地坐在那里安静地听着。听完后，他对我说：'我就是这么干的，对不对？'他发誓要永远和'麻烦'说再见，而这一改变的力量相当巨大。你有没有听过这么一句话：'你不能因为受到了迫害就觉得所有人都想伤害你。'他就是这种人。他频繁使用麻烦词语的行为使他觉得生活就是一种负担，一种永无止境的斗争，唯有抗争才能让那些麻烦不会抓住他，纠缠他。和这个悲观词语说再见后，他看上去变得积极而乐观。我们的家人和顾客们都注意到了他的这一变化。"

没有人知道我遇到的麻烦

我们的态度就是为我们的世界填色的蜡笔。

——艾伦·克莱因

我同意克莱因的观点，而且我也认为我们的话语就是为我们的态度填色的蜡笔。

无麻烦一身轻的行动方案

你一直都想做自己的老板，所以你创办了自己的电脑维修店，工作地点就在你的家中。有时候，你用手机判断电脑故障，有时候则会需要用家中的座机。现在，电话铃响了，一位顾客需要帮助，你会如何回应呢?

失败的话	可用的话
你用含有消极含义的词语回答顾客的提问。 “你的电脑出了什么问题?”	你用积极、开放性的方式接听电话。 “你好，保罗，有什么我能帮你的吗?”
你继续使用“问题”一词，加剧他的沮丧感。 “听起来这和你上个月的问题一样。我想知道它是怎么坏的。”	你帮助他将关注焦点集中在解决方法上。 “我想我知道发生了什么事。如果你想要我过去帮你修理，我今天下午就能过去。”
你不断地提到出了什么问题，事情变得更糟。 “你的电脑还有其他故障吗?和电脑相连的票据打印机有问题吗?”	你委婉地获取信息，避免将其归为消极信息。 “另外，你的电脑现在是什么状况?智能票据打印机工作良好吗?”

第十五章

避免走极端

夸张之辞是发怒后的事实。

——卡里·纪伯伦

当有人对你使用极端词语时，你感觉如何？“你从来都不听我说！”“你总是迟到。”“所有的事情都得按照你的方法来。”

极端词语会引发极端反应。正如纪伯伦所说的，诸如“所有人”“全部”“总是”以及“没有人”之类的强势词语通常都是以事实为基础。当事实被夸大之后，对方往往会发怒。他们会用全副精力抗议这种非有即无的归类是不公平的，并且会快速地指出例外的情况。

具体 VS 主观

沟通中精确很重要，尤其在我们这个一触即发的时代，精确更加重要，因为一个错误或误解了的词语都可能引发突如其来的不假思索的行为，从而导致灾难的发生。

——詹姆斯·瑟伯

以具体的现实生活行为作为你观察的基础，使你在谈话中能够保持客观，而非主观臆断。诸如“你总是忘记喂猫，是不是想饿死它”，此类不精确的责难只会引来对方愤怒的反驳。这句话煽风点火的功力之所以会翻番就是因为极端词语总是和极端结论联系在一起。对孩子没有喂猫表示不满是一回事，暗示他不关心猫就是另一回事了。他一定会言语激烈地予以反驳。

相反，如果你说：“这已经是这个星期第三次让猫饿肚子了。到底是怎么回事？”这一中立的观察结果加上寻求更多信息的疑问会让双方的谈话集中于事件，而非个人。你给了孩子一个解释和纠正其行为的机会，他自然不会产生反抗对立情绪。

在研讨班上，当我们讲到这一点时，我注意到一名女学员的脸红了，我问她在想什么。她回答说：“我刚刚才意识到为什么我的孩子总是反驳我。一方面，因为夸张，我失去了个人信用。我已经养成了一种言过其实的习惯：‘杰弗里，我跟你说了无数次，从露台回来后要关门。’或：‘丽莎，跟你说了一千遍了，牛奶喝完要放回冰箱。’”

她接着问道：“我怎样才能改掉这个习惯？”我建议她将抱怨改成问题，让孩子们来回答。譬如：“杰弗里，当你从露台上回来的时候你要做什么？”以及：“丽莎，当你喝完牛奶后你该怎样做呢？”这样的说法获得的效果比喋喋不休地念叨孩子们该怎么做更好。

另一位学员丽塔说，她要是能和大学室友一起来参加研讨班就好了。“她觉得我是个懒鬼。昨天晚上她说我从来不打扫自己的位置，而且说她总是跟在我屁股后面收拾，她已经厌倦了房间里永远只有一个人打扫的局面。”

我问她，室友说的是事实吗？“当然不是。她很容易就会忘记给房间清扫的人是我，做饭的那个人是我，吃完饭后洗碗的那个人还是我。”

丽塔正好指出了为何非有即无的极端话语会让人们情绪激动的第三

个原因：它通常瞄准的都是之前的作为或不作为。这将会产生三重让人沮丧的打击——极端夸张的指责后往往伴随着不公正的结论，以及对过去的揭露。

我建议丽塔以问题的方式将极端夸张的话语返还给当初指责她的人。以这种不会冒犯对方的方式回敬令她感到愤怒的话语能够给她的室友一个机会去感觉她的改变，并且阻止争吵的发生。丽塔可以用一种温和但表示怀疑的口吻重复室友以偏概全的陈述——“我从不……打扫房间？”——说话的同时扬起眉毛，似乎是在说：“你真是这么认为的？”她的室友此时也许会后退一步，反思自己不准确的指责，喃喃抱怨道：“呃，昨天晚上我花了一个多小时的时间清理杂物。”对！这个更贴近事实的说法不仅解释了其室友愤怒的原因，还能够让丽塔以更客观的方式做出回应，而不是激动地予以反驳。她也许会为留下一个烂摊子让对方收拾而道歉，并且感谢室友能够直言不讳。

退避三舍 VS 反复说明

智慧的艺术就是懂得该忽视什么的艺术。

——威廉·詹姆斯

假如丽塔预见到室友会表现得很强硬，并且反驳：“是的，从不！我都想不起来你上一次打扫房间是什么时候的事情了，不仅如此……”她可以选择绕开指控，而不是证实对方的指责。反复说明意为“过度的解释或坚持”，退避三舍意为“忽视或无视，通常是刻意为之”。丽塔将会发现不去阐明室友的观点（“你以为你是谁，竟然说我是懒鬼？”），绕道而言才是明智之举。

桑德尔·米纳布说过：“在决定我们将变成什么样的人这个问题上，

最有发言权的莫过于我们选择忽视的那些事情。”丽塔刻意选择忽视“懒鬼”这个贬义词语，引导谈话向着具体的解决方法前进。她可以这样说：“如果你想谈谈如何才能让我们的公寓保持整洁，我会非常乐意和你聊聊。”

激烈的言辞导致灾难

我这一生经历了太多的苦难。大多数苦难从未发生过。

——马克·吐温

比尔是我认识的一个熟人，他就用这一方法让他的未婚妻改掉了说话总是走极端的习惯。“我觉得像‘最坏’‘糟糕’和‘不可能’也都是极端词语。维诺娜是个紧张兮兮的女人，她的紧张从她说的话里就能看出来。过去，她常常说：‘这是我吃过的最糟糕的一顿饭。’‘我穿这条裙子看上去糟糕透了。’或是：‘你简直没法沟通。’‘我们永远都去不了别的地方。’她用这些让人愤怒的话语使自己陷入了紧张和恐惧之中。”

他说得一点都没错。压力研究者汉斯·谢耶发现：“事件本身并不会造成压力；你对事件的理解才会产生压力。”下图能够帮助你形象地理解这一原理。

现实事件 → 情感

现实事件（譬如说，你踩到了自己的脚趾头，你跳进了冰凉的溪水中）会直接产生某种情感。你无需思考或琢磨当下发生的事情。你的脚趾会很疼，你的身体会冷得起鸡皮疙瘩（在夏威夷，我们称之为“鸡皮”）。

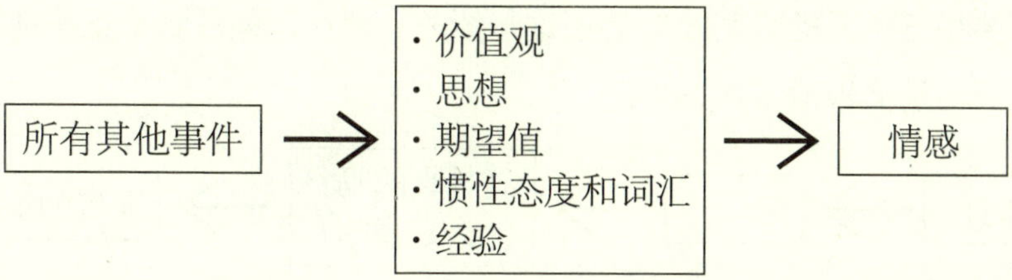

其他发生的事件（例如你的电视机坏了）都会经由你的思维，然后以你的价值观、思想、期望值、过去的经验以及惯性态度和词汇为基础产生对应的情感。你可能会感到愤怒（“别现在坏啊！我最喜欢的节目就要开始了。”），勉强放松（“我就把这个当成是我应该去上有氧运动课的暗示吧。”），或者，你会心存怨恨（“那些混账孩子又把遥控器玩坏了。”），又或是心情不太好（“这里就没有好用的东西了吗？”）。

让你的情感与事实相符

事情本不分好坏，可是思想让它们有了好坏之分。

——威廉·莎士比亚

正如莎士比亚所说，事情本身并无好坏之分，这全都取决于你如何看待它们。这就是为何你必须精确描述到底发生了什么事的原因，因为唯有如此，你的情感才能与真实情况相符。如果你夸大描述，你的情感就会随之变得夸张，而后果可能也会因此被放大。如果你用极端消极的词语描述自己，你看起来就会显得极其沮丧。

如何才能让你的情感与事实相符呢？当事情发生之后，你可以立刻问自己：“这是真的吗？”以此来核实自己的想法是否准确。如果你望着一摞账单，心想“我得用一百年才能还清这些账单”，你需要问自己这是真的吗？如果答案是否定的（极端的陈述几乎都不是事实），再问自己：“什么是真的呢？”你的答案务必精准。这时你可能会意识到事实是你需要用三个月的时间才能偿还这些债务。现在，你做到了正确地评估情况而不是消极地将其灾难化。

事件 → 反应 → 这是真的吗？什么是真的？ → 准确的情感

比尔说，就在我们谈论了这一理念后的第二天，他去接维诺娜。她刚一上车就开始了惯有的抱怨：“没有一件事情是顺利的……”他转向她，问道：“维诺娜，这是真的吗？真的没有一件顺利的事情？”他的这个问题立刻打断了她正准备脱口而出的长篇大论。

一开始，她安静地坐着，什么也没说。过了一会儿，她摇摇头：“不是的，还是有不少顺利的事情。”

“我们围绕她这个‘总往坏处想’的习惯谈了起来，也谈到了那些灾难性的词语是如何让事情变得更糟的。最后，我们达成一致意见，在面对事情做出反应时一定要忠于实情。假如我们偶有疏忽，将情况描述得特别糟糕，我们就问自己：‘这是真的吗？什么才是事实？’如果我们看了一场我们不喜欢看的电影，这并不意味着电影不好。如果我在点披萨时忘记了要蘑菇，这绝不是死刑一桩。如果她划破了指甲，那也并不是一场灾难。我们会用更中性的词语——‘有意思’和‘不方便’——来替换诸如‘可怕’和‘不可原谅’之类的消极词语。”

“我们甚至也不再使用‘讨厌’和‘杀死’这两个词语。现在，当事情出了问题的时候，说‘我讨厌这样的事情’或‘我要杀了他’几乎已经成了一种潮流。这些都是暴力词语，所以我们决定不要让这些坏的意象偷偷溜进我们的词汇。现在，与之前将所有事情都归结于灾难时相比，我们看事情看得更加清楚透彻。这也让我俩的关系和在一起的时光变得更加浪漫。”

有哪些消极的暴力词语已经偷偷钻进了你的词汇库？这些消极意象会造成隐伏的影响（“渐进且累积的影响”），就是它们会把人变成一个悲观主义者，用高尔斯华绥的话来说就是“一个总是在空中建造地牢的人”。坚持使用更积极的话语，你就能爬出这些自建的地牢，然后像观看奇迹一样打量这个世界。

避免走极端的行动方案

你带着十几岁的孩子们去音像店租录影带，准备周末看。孩子们挑了一部R级电影，你告诉他们去挑一部暴力色彩不那么重的影片。面对孩子们说你从来不让他们看想看的电影这一说法，你会作何反应？

失败的话	可用的话
你否定了他们的指责，站到了他们的对立面。 “你们也知道，事实并非如此。上个星期你们还刚刚选了两部电影。”	你用上扬的音调重复他们的极端说法。 “我从来不让你们选你们想看的电影？”
孩子们说“你总是让我们看迪士尼电影”，你立刻反驳。 “这太荒唐了。我们已经好几个月没看过迪士尼电影了。”	你用提问的方法将非有即无的极端指责返还给孩子们，然后不再说话。 “我总是让你们看迪士尼电影？”
他们得出了极端的结论，说你反正从来都不关心他们想要什么。你觉得自己受到了错误的指控，愤怒地做出回应。 “我当然关心你们想要什么，不然我们为什么要来这家音像店呢？这可不是因为我想看电影。”	你没有和孩子们反复讨论他们的结论，而是绕过他们的论断，将他们的注意力引向解决方法。 “我知道你们一定能找到喜欢看的电影。PG-13级的电影里有哪些是你们想看的呢？”

第三部分

将冲突转化为合作

第十六章

聆　听

一个真正体谅人，愿意聆听，并设身处地替我们考虑问题的朋友能够改变我们的整个世界观。

——埃尔顿·梅奥

你能说出身边有谁愿意真正聆听你说话吗？是什么让那个人成为一个优秀的聆听者？当他们把自己的全副精力都送给你时，你的感受如何？你对他们的感觉又如何？

我猜，你认识的人可能数以百计，但其中你能想到的真正会听你说话的人恐怕不过一二。这样的人的确很罕见。你有没有想过自己能够做的最好的事情就是将全副身心投入到某人身上，让那个人自我感觉很重要呢？将自己的全部注意力毫无保留地放在某人身上其实就是在告诉对方："现在，你就是我世界中最重要的事情。"

然而，绝大多数人都太忙了，以至于他们很少会把全部注意力放在某一个人身上。事实上，有人说，唯一会真正聆听吵架双方说话的人就是邻居！误解、错误、受伤的情感、矛盾和分歧统统来自于我们失败的聆听。

偏听 VS 耐心的注意力

大多数愤怒都是哭着闹着渴望关注。

——舌功学

在接下来的五章当中，我会列出具体的步骤，让你能够学会真正的聆听。只要遵循这些建议，你就能够阻止人们变得争强好辩，因为他们将会得到他们想要的——你的两只耳朵。这些技巧也同样能够帮助你安抚情绪沮丧的人。

怎么做到这一点呢？为了抓住你的注意力，人们会变得难相处。当有人意识到自己的紧要信息没有传达给你的时候，他就会采取更强有力的措施来吸引你的注意力，让你关注使他烦心的事情。他可能会大叫，言辞激烈，或是凑到你面前强迫你承认他有多沮丧。

当你把自己的耳朵送给一个愤怒的人之后，她通常都会降低音调，变得更加理性，因为她不再需要动用各种资源让你注意她。正如英国数学家和物理学家艾萨克·牛顿说的："我的任何有价值的发现都拜耐心的注意力所赐，而非其他任何才智。"耐心的注意力可以帮助你发现隐藏在他人仇恨背后的真正原因，一旦发现了它，你就已经离消除仇恨不远了。

专注并掌握这一技巧后，你的每一段人际关系都将得到改善。你将会成为一名更好的上司、更好的父母、员工、配偶、姊妹，乃至朋友。还记得那个真正聆听你的人给你带来的感觉吗？你是不是对她/他出现在你的生活中心存感激？用同样的方式对待其他人，他们也将会给予你如此高的评价。

漫不经心的聆听会导致矛盾

在美国，谈话就是一场竞赛练习，第一个换气的人将会被当成听众。

——内森·米勒

正如内森·米勒指出的，大多数人都不会聆听，他们只是等待开口说话的机会。然而，当你感到十分紧张，迫不及待想说出内心想法的时候，暂时保留自己的想法，聆听他人说话就会变得困难。那种感觉就像是你觉得其他人马上就会说出你原本想说的话。

我的丈夫是一名前海军飞行员，他把这种情况称之为“卡在信号发射中”。从机械原理来说，飞行员不可能做到同时接收和发送无线电信号。他们必须说话，然后聆听。

你可以使用这一双向无线电模式实现在日常对话中的双向沟通。聆听（listen）这个单词包含沉默（silent）中的所有字母不是没有原因的。当你说完后，试想自己按下了发送按钮，然后将全副注意力投入到接收到的信息中。默默地聆听并接收每个词语，直到对方表示说话结束后，再对听到的话语做出回应。

三个可以激发你兴趣的动作

从行动到感受的转变比感受行动要容易。

——威廉·詹姆斯

有一种更加切实可行的方法能够帮助你打消不顾他人所说，迫不及待想一吐为快的冲动，你想不想了解这个方法呢？秘密就在于不要等待，直到你觉得自己正在听他人说话。面对它，也许，你根本就不想听他／她的观点。一定有人对你说过“听我说”。在听的过程中，你可以用以下三个动作来激发你的兴趣。

看对方。M·斯科特·佩克说过："你不可能在认真听人说话的同时做其他任何事情。"放下手中的事情，将纸和笔摆在桌子上。这些身体动作代表"这些能够等待，你更重要"。你的这些动作无论是从心理上还是从行为上都在告诉对方：他最重要。

扬眉毛，建立眼神交流，脸上流露出感兴趣的表情。如果你的脸部表情松弛，那表示你感兴趣的程度与之前无异。当你的眼神游移的时候，你的思想也会开小差。将注意力集中在对方脸部的简单动作和扬起的眉毛可以消除死气沉沉的氛围，激发你的好奇心。

前倾，采用关注的姿势，使你（现实中以及心理上）处于座位的边缘。微微前倾，你的身体语言告诉对方："我就在这里听你说话。"他也就不会想，也不需要冲你大叫，因为很显然你已经将自己投向他。你将自己靠近对方，对方想表现得难相处也就随之变得困难起来。

学会倾听，在倾听中学习

如果你不听，你就无法学习。

——林登·贝恩斯·约翰逊

一次培训后，一名学员走到我跟前说："我从没意识到我的身体语言竟然一直都在让我的员工们疏远我。我还一直都为自己的开明政策而自豪。直到今天我才刚刚意识到我办公室的门也许敞开了，可是我思想的大门始终紧闭着。"

"当我的员工想和我聊聊时，我通常都在做某事。我对待他们的方式让他们觉得自己是不速之客，可之前我丝毫没有意识到这一点。我会从所忙的事情中抬起头，相当不耐烦地问：'什么事？'我生硬的态度摆明了：'你打扰了我。有什么事快点说，我还得工作。'"

“当我回到办公室后，我打算将上午十点至十一点，下午三点至四点列为倾听时间，这样我就不会在应付各种紧迫需求和最后期限时心烦意乱地处理和思考问题了。在这两个固定时段，我会把所有事情都放到一旁，让我的员工和他们关心的事情成为我的第一要务。”

我称赞了这名女主管发誓要更关心手下员工的想法，并且和她谈到了一项调查。调查中，来自各行各业的员工们都需要回答这个问题：“你喜欢你的老板吗？”结果令人大吃一惊。凡是回答“是的，我喜欢我的老板”的接受调查者都说排在第一位的原因是“她/他会听我说话”。你们猜猜员工们不喜欢老板的最常见的理由是什么？“她/他不听我说话。”

在他那本有趣的《停机时间》中，罗恩·邓廷纳曾调侃说：“我妻子过去常常自言自语。呃，其实她以为我在听。”在现实生活中，当你没有认真聆听的时候，说话者是知道的。他们会感觉到你分心了，并且将此理解成你对他和他的话缺乏兴趣。这时候，他们通常不会再试图和你沟通，因为他们已经得出了结论：这样做没有任何意义。

前文中那名英明的管理者明白，如果她不开辟出聆听时间，倾听员工们的心声，久而久之，他们就会感到自己被忽视了，工作士气必然会受到影响，重要的工作将会无人料理。她很聪明，知道用“敞开的耳朵”迎接员工们的反馈，这样她就能了解哪里出了问题，进而采取行动纠正问题。正如俗语有云：“假如在第一时间我们就没有去做对的事情，我们何时才有时间重新做呢？”这位管理者颇有先见之明，她以后将不必花大量的时间去处理那些因为没有花时间倾听而导致的情况升级的大麻烦。

主宰和主权

如果你想激励自己，先激励其他人。

——布克·T·华盛顿

我们可以对华盛顿的这一观念稍作修改：如果你想抬高某人，先放低自己。一位教师说："如果你想让孩子们相信你真的在听他们说话，那就蹲下来。假如必须仰视你，他们就不会心甘情愿地和你分享自己内心深处的小秘密，因为将自己完全暴露在一个凌驾于自己之上的人面前是很危险的。他们永远都不相信你会明白他们的感受，因为无论是外形还是心理上你们都不在同一水平上。一旦你蹲下，你们就能有眼神交流，他们会更加自在地分享自己的内心想法，因为直觉告诉他们你正在从他们的角度来看待一切。"

也许，你也曾在紧张不安中主持会议，当你让大家开始讨论时，迎接你的却是一片沉默。如果你站着，其他人坐着，无形中就营造了一种"我是老板，你们是员工"的氛围。众人皆坐你独站，这代表着你是主宰。（有趣的是，主宰被定义为"从高处俯视，或由于享有优越位置或高度而占优势"。）坐着的人可能会因为你的姿势而产生一种胁迫感，从而不敢畅所欲言。

如果你想鼓励人们开口说话，坐下。如此，与会者将会更加自在、自如地说出自己的观点，因为你建立了一个与他们平等的对话平台。团队成员积极参与并聆听彼此观点的可能性也会更大，因为大家的角色是平等的。你营造了缓和的氛围，"让紧张的关系或情绪得到了放松"。

你是否曾答应过某人听他诉说却迟迟没有兑现？你总是对别人说"现在不行""长话短说""赶快说""我一会儿再找你"，你打算何时见下一个人？现在就拿出五分钟的时间，将自己的注意力毫无保留地给他。将所有的事情都放到一旁，在那几分钟的时间里，让那个人成为你的世界中最重要的事情。用三个动作（看、扬眉、前倾）阻止任何让你分神的因素。专注于他就是能够最强有力证明“我在乎你”的证据，而这也可以补偿你平时没能专心聆听留下的遗憾。

聆听的行动方案

你的朋友邀请你共进午餐，庆祝他的升职。吃饭时，他兴奋至极地向你描述他的新工作职责。尽管你也为他感到高兴，但是当天下午你已经有了工作安排：绩效考核，所以你一直在走神。这时，你该怎么做?

失败的话	可用的话
你继续为下午的绩效考核而担忧。 “我想知道老板会如何评价那份项目报告。要是我没得到我一直期望的那份奖金怎么办?”	你告诉自己，朋友对你很重要，他值得你全神贯注地聆听。 “我可以等回到办公室后再考虑我的工作考核。在接下来的半小时里，我一定要全心全意地对待麦克斯。”
你变得越来越焦躁，开始有些坐立不安。 “我今天从一开始就不该答应和他吃饭。”	你用三个动作激发自己的聆听兴趣。 “我要坐直了，身体靠向桌子，同时扬起眉毛，这样我就会听得更认真。”
你目光游离，你看到好几个同事走了进来。 “他们的工作评估结果如何？哦，他们看起来可不太开心。”	你紧紧盯着麦克斯的脸，不让自己的思想开小差。 “听到麦克斯获得这份新职位，我无比高兴。这是他应得的。”

第十七章

针对不守规矩行为的准则

价值观就是一个社会用来进行自我组织和自我训练的情感规则。没有它们，国家——以及个人——就会陷入混乱。

——詹姆斯·A·米切纳

当你开着车在路上行驶的时候，如果路上的车道线、交通灯、人行横道以及所有道路标识突然之间都消失了，你觉得情况会怎样？

一片混乱，对吗？没有人是安全的。

大多数人类行为都有规则可循。交通规则确保你能在反方向汽车快速行驶的同时安心驾车——心中毫无恐惧，因为你相信其他司机会遵守交通规则。

每项体育运动都有规则。橄榄球中，你不能在四分卫抛球后攻击他，你不能咒骂调解员。就连拳击都有自己的规则：你不能击打对方后脑勺，不能在铃响后攻击对手，也不能袭击对手腰带以下的部位。

然而，令人惊讶的是，大多数沟通（“个体间以共同的符号、标志或行为体系进行信息交换的过程”）没有规则可循。沟通中，没有一个众人达成共识的指导方针告诉人们什么是合适的，什么是不恰当的。任何方式方法都可以。人们打断他人的讲话，独占发言权，并且在谈话中进行人身攻击。正如米切纳所说的，在没有行为标准的情况下，个体“陷入混乱”。

沟通指导原则

现实俨然是一片丛林——没有指示牌，没有路标，也没有边界。

——海伦·海斯

有一个方法可以让那些刚刚建立的长期关系安全且舒适地共存：从一开始就列出沟通指导原则的框架并就此达成共识。和你的伴侣、室友乃至家庭成员谈一谈，大家就可以做什么、不能做什么达成一致意见。也许，你的记忆中还保留着父母在大庭广众下相互攻击的惨痛回忆，你下定决心绝对不让同样的事情发生在自己身上。也许，你觉得菲利斯·迪勒的建议——“不要在生气的时候上床睡觉。撑住并战斗下去！”——稍加改变就能令你受益匪浅，并且想用此来指引自己。我始终记得，当我提出婚姻的基本原则，即“在争吵中绝不以离婚互相要挟”时，观众席中一名妇女突然拍了一下自己的额头，大呼：“太晚了！”

凯伦·瓦格纳是负责我演讲及培训课程的公司副总裁，她在家里制定了一项规则：不能骂人……包括像“笨蛋”“混蛋”和“哑巴”这样的字眼也不能用。你可以和配偶约定不提那些已经道过歉的旧事；双方约定一个信号（“哎呦！”或“停！”），让对方知道他已经如履薄冰，适时后退才是明智之举。通过制定沟通契约，你就可以与相爱的人始终保持良好的关系。

保持和平

假如他们想要和平，各国就应该避免引发大炮攻击的小事。

——拿破仑·波拿巴

每一天，美国全国会召开超过1100万次会议。这并不是一个耸人听闻的数据，只是与会者称半数的会议时间都被浪费掉了（该数据来源于美国Accountemps公司于1986年进行的一项社会调查）。失控的会议往往弊大于利，它会让与会者针锋相对，并引发分裂而非带来合作。

以下这些简单的指导方针能够帮助主持会议者成功地实现会议日程，从而使得会议不至于演变成一场争吵。通过执行这些基础规则，你就能够避免让鸡毛蒜皮的小事恶化成不折不扣的语言战争这一可怕局面的出现。

1. 一次只让一个人发言。如果有人打断发言或是有几个人开始小范围对话，采用以下方法来确保这一原则的有效执行：

· 望着最初的发言者，向插话者举起手，用坚定但温和的口吻说："对不起，（说话者的姓名），我们可以先等一等，等到大家都听我们说时再继续。"话语结束时务必保持下降的音调，上扬的音调会让你听起来不确定，有试探的意味，也就无法迫使插话者与你合作。

· 不要看插话者。如果你望着他，所有人的目光也会随之转向他。插话者会因此感到尴尬，并为你让他在同僚面前有失脸面而对你心怀怨恨。

· 如果插话者没有停止说话，你则继续望着发言者，并且提高音量，用命令性更强的口吻重复你的话。

· 只有在所有人都安静下来后，你再挥手，同时说："谢谢你，（发言者姓名），请继续。你刚才说到……"将发言权还给发言者。

多年来，我主持过无数次会议，我可以向你保证，只要在会议刚开始的时候便立刻执行这一规则并坚持，你就能建立一种积极的先例，而这一先例将会贯穿整个会议。尊重发言者，让所有人都听到其发言内容是规则的基础。这样，当人们有话想说的时候，人们就会互相关注，行为也会变得规范谦恭。

2. 在所有想发言的人都获得一次发言机会之前，每位与会者就一个议题只有一次发言的机会。这个规则能够防止强势的个人攫取讨论的话语权，将众人讨论变成一场恶骂，而害羞的与会者只能保持沉默，因为与固执武断的同僚抗衡、争抢发言机会会让他们感到不自在。

如何才能实施这一规则呢？如果玛丽抢先发言（抢在其他团队成员发表意见之前），你可以举起手，手掌面向玛丽，同时说："玛丽，我们很想听听你的意见，而现在让我们先听听团队里其他人有何想法。鲍勃？"

你需要确保自己使用的都是"可用的话"。你的目标是让参与者感受到自身的责任感，而不是让他们难堪。请不要说："玛丽，你得等大家都发言后才能发表意见。"或："玛丽，我知道你对此事有很多想法，可是其他许多人也……"换之以："玛丽，等其他所有人都表达了各自的想法后，我们非常欢迎你来谈谈你的观点。"

3. 每次你说话的时间不要超过两分钟（或其他你认为合理的时间期限）。虽然这一规则也许无须那么严格，但是它发挥了一个重要的作用。我的母亲告诉我："那些随时都能做的事情往往很少有人会去做。"除非有时间期限规定，人们没有理由让自己的发言简明扼要。他们会不断重复自己的话，口若悬河，让自己显得很有口才，有说服力（或是显得不那么雄辩），与此同时，团队里其他人的思想早已跑到了九霄云外。

在他们的经典作品《风格的元素》中，斯特伦克和怀特这样写道："有力的文字是简洁的。"有力的演讲同样也是简明扼要的。两分钟的时间上限可以将冗长无聊的会议变成快节奏、高产出的会议。

你可以通过指定一个团队成员计时的方法来实施这一规则。他们可以在时间到前给出十秒钟的“提示”。等时间一到，就以温和但坚定的口吻打断发言者：“谢谢你的建议，布莱德。谁还有什么想说的吗？”

以令人愉悦的方式做让人不愉快的事

法律终结的时候就是独裁开始的时候。

——查塔姆伯爵，威廉·皮特

州教育部邀请我去主持他们的年会。学生、老师、管理者、家长以及教育部官员都会参加这次会议，并在会上讨论公立学校面临的各种问题。

会议日程中安排了多项容易激发个人情感的问题讨论，其中包括特殊教育的主流思想，对学生体育成绩的最低平均分要求以及药物强制管理和性教育。会议结束时，与会者纷纷起立，大家彼此喝彩。所有人都毫无异议地表示每项议题都得到了充分的讨论，而且每个人也都平等地获得了发表意见的机会。虽然有些个人意见也许并没有获得众人的认可，但是与会者们都感觉整个发言过程是公平的，会议取得了所需的舆论，他们表示会支持最后的结果。

过去，这一年会最终总是会演变成一场比拼嗓门的竞赛，为什么我们能够化腐朽为神奇，将其变成一次成功的大会？因为每个小组都配有一名训练有素的调解员，会议一开始，他就向所有成员阐述了基础规则，并且确保每一名成员都切实有效地遵循这些规则。会议结束后，一名调解员走到我身边，说：“我刚刚得到了最高褒赞。我们这组最固执的一名成员在离开会场的途中停下来，握着我的手，对我在会议中确保议程顺利展开给予的帮助大加称赞。最后，他说：‘你以让人心情舒畅的方式完成了令人不悦的工作。'"

我一直都很喜欢这句评价。一名会议主持者就需要奉行"以愉快的方式完成令人不悦的工作"这样的原则。当演讲者热情洋溢地详细剖析其观点的时候，要想牢牢把握住话语权其实并不容易。打断一场热烈的讨论，建议讨论者专注于行动计划也许会惹人烦恼，可结果值得你这样做。无论如何，团队成员会觉得每个人的权利都得到了尊重，而不是只有少数强势的个体享有权利。

尊重每个人的权利

人与人之间的相处，一如国家与国家之间，只有尊重每个人的权利才能确保和平。

——贝尼托·华雷斯

三条补充原则能够确保即便是最具争议性的话题也能在平和的氛围中获得从容的思考和审议。

· **不允许否定他人的观点。**诸如"事情并非如此"或"这不是事实"之类的话不允许出现在讨论中。告知某人他错了必定会激怒此人。使用第一人称"我"的陈述方式可以委婉而巧妙地表示异议，"我不同意这一点"或"对于发生的事情，我有不一样的看法"。看出差别在哪里了吗？使用"我"在表达自身立场的同时并不会攻击持相反观点的个人。

· **音调需要始终保持平和。**不允许喊叫。这条原则也许看起来显得不起眼，但它是让讨论能够保持理智的关键。斯坦利·霍洛维茨这样说过："再也没有比提高音调更有效地降低谈话档次的方法了。"他说得没错。人们在说话时声音越大，听进去的内容就越少。用平和的音调发言能够帮助人们客观而理智地互动。

· **专注未来，而不是沉湎于过去。**在第九章和第十一章里，我们已经反复探讨过这个异常重要的观点。与其花费时间为本该做而没有做的事情（以及为何没做的原因）悲叹惋惜，不如迈开步子向前，寻找能够采取的行动以及从现在开始如何才能更高效地处理这种情况的办法。

摆明规则

如果人人都是天使，政府就没有存在的必要了。

——詹姆斯·麦迪逊

如果人们值得信赖，能够彼此间以礼相待，任何规则法律都将没有存在的必要。不幸的是，大多数团队里至少都存在一个感觉迟钝的成员，假如完全遵照他的意志，他一定会草率行事，任意践踏他人的权利。这就是为何必须摆明规则的原因，唯有如此，所有参与者才能获得保护。

我有一位朋友，他生活的公寓有 40 层，他致电给我分享了他的故事。他说："我这栋分契式公寓的年会已经彻底演变成了一场噩梦。有些居民干脆拒绝参加，当然他们这样做是完全有理由的。去年，年会委员会主席彻底丧失了会议的控制权。会议结束时，他不得不站在自己的椅子上，用小木槌用力地敲打桌面，扯着嗓子冲着所有人大叫。邻居们也彼此叫嚷着，人们带着鄙夷愤怒的表情走出了会议厅。那情景太令人崩溃了。"

"读过你们的"舌功学"简报后，我意识到事情其实完全不必演变到如此地步，所以我提议我们聘请一名公平、公正的调解人来主持会议。委员会投票通过了这一提议。结果，我们的会议平稳顺利地结束了，没出任何意外。"

“调解员首先欢迎所有人的到来，简短做了开场白后，他询问了此前的会议惯例，澄清并说明了会议的基本原则和议程。之后，他便一直确保讨论有序地向前推进，不让它因为个人而停顿或陷入困境。两个小时后，会议顺利结束，而去年的年会开了整整五个小时。每当有人将话题扯远，调解员就会简单地指出之前陈述过的基本原则，帮助他将注意力集中在探讨事宜上而不像以前那样专注于个人。那次会议扭转了去年年会中不雅场面带来的消极影响，并在我们大楼里营造了一种友好的团队精神。”

针对不守规矩行为的行动准则

你正在主持一次家长——教师会，事先你就已经知道这将会是一场随时可能发生爆炸反应的会议，因为校方之前宣布因为缺乏资金，今年的毕业典礼将会被取消。你该如何来管理这次会议呢？

失败的话	可用的话
会议之初，你将校长介绍给诸位家长，他开始解释校方的这个决定。 “我想向大家介绍萨图先生，他将会告诉你们毕业典礼为何会被取消。”	你以欢迎诸位家长的话语作为开场白，并摆明了会议的基本原则。 “很高兴今晚大家能够来参加会议。首先让我们先公布几条基本原则，这样我们就能公平地讨论这一重要事件。”
一位愤怒的家长大吵大嚷，粗鲁地打断了校长的发言。 “你的发言犯规了。现在你应该坐下，然后像其他人那样等到你发言的时候再发表意见。”	你提到了基本原则，督促与会者保持礼节。 “先生，你会有发言的机会，而现在请先让萨图先生完成他的发言。”
许多家长开始在下面交头接耳，你只能默默地忍受。 “这些人太粗鲁了。他们真应该给那个可怜的人一个发言机会。”	你举起手，让发言者停止发言直到所有人都安静下来。 “对不起，萨图先生。我们先等一等，等大家都安静下来听你发言再继续。”

第十八章

平息争端

话语能破坏。我们对彼此说的话最终会变成我们对彼此的看法，而这很重要。

——珍妮·柯克帕特里克

当你不得不调解一场纠纷时，你想知道该如何才能委婉且有技巧地介入吗？

有一次，我参加了檀香山警察部门开设的舌功学培训。在会上，一位机智的警员向大家透露了如何让陷入家庭纠纷的夫妻冷静下来的小秘诀。他说，当他到达现场时，事件的相关人员已经几乎快要失去理智。通常来说，他们对于发生的事情都各执一词，并且全都急不可耐地想第一个陈述事件。现场人员情绪激昂，怒火一触即发。

那名警员说："我发现，当人们争吵不休的时候，我的最佳选择就是做记录。我抽出记事簿，轻松地说出这些有魔法的话语：'你们俩都会有发言的机会。现在，女士（或先生），从你开始，请告诉我发生了什么事情。'"

痛斥和咆哮 VS 汇报

讨论是交换知识；争吵是交换情感。

——罗伯特·奎伦

那位警员接着说道："当人们冲着彼此大喊大叫的时候，他们的对话不会获得任何积极的结果。从一开始就轮流记录双方的言论可以迫使争论者停止争吵，放慢语速，重新构建事件的脉络。他们是在汇报，并非痛斥和咆哮。这样做可以让暴脾气的人从激昂的情绪模式中回到理智的思维模式。"

"记录下人们愤怒时不堪的语言也可以让他们意识到自己不敬的话语会对彼此造成何种影响。他们会意识到留下不佳的评论记录对他们并没有好处，所以他们自然就会停止诅咒或咆哮。"

"做记录还可以防止人们一遍又一遍地重复相同的内容。当他们开始第三次重复之前说过的内容时，我会说：'我之前已经写在这里……然后呢？'最后，当我完成记录，我会把记录的内容向陈述者复述一遍，这样，所有人就会知道自己陈述的内容已经完整无误地记录了下来，满意地离开。"

不要容忍贬低

鲁莽是弱者对力量的模仿。

——埃里克·霍弗

一位参加学习班的女士说，她的律师建议她把前夫每次恐吓她的话都记录下来。"我的前夫是一个喜欢说脏话的人。我总有一种如履薄冰的感觉，因为根本不知道他什么时候就会发作。如果我试图为自己辩护，他就会变本加厉，直到我放弃，完全按照他的要求去做。"

“我的律师建议我随身带着笔和本子，把他说过的话全都记下来。接下来，当前夫开始冲我咆哮的时候，我立刻拿出了记事簿。他立刻说：‘该死的，你知道自己到底在干什么吗？’我镇定地回答说：‘我正在把你说的话记下来。’‘你为什么要这样做？’‘你觉得我为什么这样做？’我回答说，然后一切就结束了。我前夫意识到这些关于他说脏话的记录将会成为法庭上对他不利的证供，所以，从此后他就不再将我当成出气筒了。”

这位女士遇到的情况的确很极端，但她的故事向我们展示了把话语记录下来的作用。记录并不一定是为了惩罚，它只是让人们意识到“你所说的话可能会对你不利”，于是人们便自然而然地选择礼貌的语言，放弃低劣的词语。

最近，我就获得了一次运用这一技巧的机会。我开车去机场，到达后将车停在路边，并且打开了双闪灯，示意我将要搬运行李。就在这时，一名一看就知道正在气头上的保安走了过来，一边用她的拳头敲打着车的挡风玻璃，一边大叫道：“快把这辆混账车挪走。你不能停在这里。”我原本打算向她解释，我丈夫正在出机场的路上，他带着好几个大箱子，这时她白了我一眼，恼怒且厌烦地说：“蠢蛋！你难道看不懂这些标识是什么意思吗？”

我立刻意识到她的耐心已经被充满压力的工作消磨到了极限，可是这并不能成为她使用这种语言和口气对我说话的借口。起初，我有些震惊，但很快就拿起包，从里面拿出笔和纸，用礼貌但有指证性的口吻说道：“对不起，你刚才说什么？”我们目光交汇，她立刻意识到糟糕的客户服务报告并不是她想要的结果，而且很显然刚才是她做错了。她马上换了一种表情，说：“请你在装好行李后即刻驶离这里。”然后就走开了。

将让人难堪的行为记录在案

行动是绝望的解药。

——琼·比兹

也许，我们可以对琼·比兹的这句话稍稍变化一下：记录是无礼的解药。参加研讨班的一位人事经理证实了将非法或不恰当行为记下来的重要性。她说："当员工向我投诉某人的时候，除非将该行为的时间、日期和具体行为记录下来，不然我们很难采取行动。如果与你共事的人对待客户或同事的方式不当，不要仅仅将这一事实告知你的上司。那样做显得过于主观，因为你是用你自己的话语来对抗他们的行为。将何时何地对谁说了什么记下来，你就有了能够证实你话语的证据，如此一来，你的上司也就有了可以进一步调查的实体证据。"

参加同一期研讨班的一位老师也表示赞同："过去，当学生们行为不端的时候，我常常在家里给他们的家长打电话。他们往往会为自己的孩子辩护，并且为我指出他们孩子的不当行为而生气。现在，当我的学生调皮时，我会在一个小本子上把发生的事情详细地记下来，然后让他们带回家。这些记录是对当时发生事件的客观陈述，所以家长们也就更容易将注意力集中在事实上，而不是寻找借口与我对战。"

平息争端的行动方案

你开车的路上遇到了一起两车相撞的交通事故。你放慢车速想看看是否有人需要帮助，结果发现事故双方正好是你的两个邻居。他们正冲着对方大叫，说的全都是污言秽语。你快速地下车介入他们的争吵比赛以免战争升级。你该如何处理接下来的事情呢？

失败的话	可用的话
你尝试着以唤醒双方理智的方法让他们冷静下来。 “嘿，你们两个，别再吵了。冲着彼此大叫只会让事情变得更糟。”	你以做记录的方法制止双方的痛斥和咆哮。 “你们都有说话的机会。现在，卡尔，就从你开始，告诉我……”
他们继续指责和诅咒对方。 “你们两个到底能不能闭上臭嘴！咒骂只会让事情变得更糟。”	你让他们明确自己说过的话，从而使他们意识到其实他们并不想看到自己充满恶意的话被记录下来。 “丹，你刚才重复说的是什么？我要确定我的记录无误。”
你的邻居一遍又一遍地重复说过的话，每重复一次，音调就高八度。 “卡尔，你这话已经说了第十遍了，这是丹的过错。”	你用记录阻止他们重复相同的话。 “好吧，这些我已经记下来了……然后呢？”

第十九章

怀着一颗开明的心靠近

偏见是什么？是一种意见，一种不以理智为基础的意见；是一种评判，一种没有聆听而得出的评判；是一种感觉，一种没来由的感觉。

——嘉莉·查普曼·卡特

你身边是否有这样一个人，他讨厌得让你只要一看到他就恨不能立刻扭头离开？你的生活中是不是有那么几个很难相处的人，哪怕只是提到他们的名字，你的脑海里也会立刻萌生出一种消极的意象？

以下这个事例就向我们展示了预先对他人做出评判所带来的结果。有一年的奥斯卡颁奖礼上，劳伦斯·奥利弗爵士在荣获一项荣誉奖项后发表了一篇极富感染力的演讲，至少许多观众都认为他的获奖感言十分感人。现场摄像机的镜头显示，人群中有不少观众都被奥利弗的演讲感动得热泪盈眶。

接着，下一位获奖者乔恩·沃伊特对奥利弗的获奖感言表示称道，奥利弗随即对此提出了异议，并且说他的感言根本就没有那么好，上台前他将准备好的演说词忘得一干二净，所以他的演讲完全是即兴之作。难以置信的沃伊特争辩说他的演讲实在是很精彩。直到他们重新播放了奥利弗获奖感言的录像，沃伊特这才终于发现奥利弗的演讲的确没有自己认为的那么完美。

怎么会发生这样的事情？如果沃伊特和观众当时认真听了奥利弗的感言，他们一定会皱眉，思索他到底在说些什么。然而，事实上他们没有听。他们预先对奥利弗做出了评判，在他开口之前就已经被他的个人魅力所倾倒。

保留评判

许多人认为自己正在思考的时候，其实他们不过是在重新整理自己的偏见。

——威廉·詹姆斯

根据他人的外貌、行为、自己与此人的交情以及先入为主的对这一类人的看法来评判他人是一种很自然的倾向，克服这一倾向也许是沟通中最困难的一环。正如前文中奥利弗的故事所展示的，当人们允许说话者的品性（积极或消极）左右自己的思想时，他们就不会再留心对方说话的内容。本杰明·富兰克林曾睿智地总结道：“若想要生活宁静且轻松，人就不能将所知和盘托出，也不能对所见一一做出评价。”

一位管理者就坦承自己曾落入评价的陷阱。他说：“我感到很内疚。我给手下的员工贴上了各种标签：麻烦制造者、问题小孩、牢骚大王、女巫。只要麻烦制造者走进我的办公室，我立刻就会进入备战状态。当接到问题小孩打来的电话时，我马上就会做好迎接灾难的心理准备。我知道这样对他们不公平，可是我给他们起的这些外号并非凭空捏造，这全是他们自找的。我根本无法忽视他们一而再再而三犯的错误。”

给他们一个机会

从来不改变观点的人永远都不会改正自己的错误，也永远不会变得更聪明。

——蒂龙·爱德华

埃德纳·费伯说过："封闭的思想是濒死的思想。"她用另一种方式表达出了本章的主题。时刻提醒自己，在别人说话结束前你永远都不可能知道他到底想说什么，以此让自己总是能够怀着一颗开明的心而不是封闭的心去面对每一件事。耐心地等待他完成自己的发言，然后再做出你的评判。

如何才能做到这一点呢？你只需时刻牢记这一句话："给他们一个机会。"当你发现自己仅仅因为不喜欢对方就将他人拒之门外的时候，用这句话来帮助自己对此人做出正确而非错误的结论。

带着一颗开明的心去聆听，而不是从思想上过早地放弃麻烦制造者。他们也许会让你大吃一惊，并且以一种你意想不到的方式去做事。如果当初没有给他们机会，你就不可能见到他们这一不一样的行为。如果牢骚大王真的向你发牢骚抱怨，至少你可以根据他们的实际功过对他们的话语做出回应，而不是对这个人提出的任何观点都置之不理。

我研讨班中一名女性学员无比悲伤地说："我知道这样做才说得通，可是我和一个男人已经结婚二十五年了。那我该给他多少次机会呢？"她说完，所有人都笑了。她接着说道："当我丈夫下班回家时，我通常都会问他今天过得怎么样。十秒钟后，我就开始想：'又开始了……'或是：'这话我早就听过了。'"

我并不是要做老好人，建议你无限次地给人们机会。事实是，那个女人也许的确早已听过丈夫那千篇一律的抱怨。她必须问自己在这一特定场合下，她是否能够且是否应该打起足够的精神，以不一样的态度去聆听丈夫的话。有时候她应该如此，有时候则不应该。有时候，她也许太累而无法集中精神去听丈夫那些关于工作的长篇大论。还有一些时候，他也许看起来显得格外沮丧，这时她就应该带着同情去聆听丈夫的抱怨。她可以快速整理好不耐烦的情绪，轻轻地再问自己一次："如果是我，我会有何感想？"借此重新燃起聆听的兴趣，鼓励自己继续听下去。

解除你的标签

一个人评判得越多，他的爱就越少。

——奥诺雷·德·巴尔扎克

一名教师曾对我说，她打算将巴尔扎克的这句话贴在她办公桌上的布告板上。"今年，我的班上有二十五名学生，我就对其中一名学生有过不亲切的行为。乔伊在课堂上时常会插嘴，取笑其他同学，而且还总是不按时完成作业，几乎从不听讲。过去，我常常会因为他耗费了我太多时间而讨厌他。"

"后来，在周三下午的教师会议上，我们的校医播放了一段解释注意力不集中症的影片。影片从一个过度活跃的人的角度展开，而我也第一次了解到了乔伊的'世界'。我这才终于能够设身处地地站在他的立场上来思考问题——拥有如此多精力的你真的很难安静地坐着。我了解到他对于周围的环境极其敏感，那感觉就像是接连不断地遭受视觉及听觉轰炸。当我站在他的角度体验完六小时的学校生活之后……可以这样说，我看待他的眼光彻底改变了。我解除了给他的标签，将他破坏性的行为看成是荷尔蒙导致的结果而并非他本人的故意所致，这对我从心里接受他起到了很大的帮助。"

爱 VS 标记

宽容是我们为了在理解他人信念、行为和习惯但无需分享和接受对方时付出的积极且诚恳的努力。

——约书亚·利伯曼

种族模式尤其会毒害我们的思想，因为那些心存偏见的人会把他们听到的所有事情都曲解成能够支持其偏见的证据。据卡尔·门宁格所言："恐惧可以通过培养成为我们的一部分，而只要愿意，我们还会将其传递出去。"假如童年时期就受偏见影响，通过培养，偏见就会成为你个体的一部分，而且只要你想，你就能将偏见传播出去。积极地聆听每个人说的话，做出结论的根据应当是个体的话语，而不是陈旧的观点和轻率的第一印象。

一位年轻女人曾讲过这样一个深刻且辛酸的故事。"上大学时，我从农场社区搬到了一个大学城。当寝室的室友发现我来自穷乡僻壤——她的原话——她决定要对我多加照顾。她警告我，校园里有好几个种族团体，并告诫我避免与他们接触。高中时，我学习过演奏单簧管，因此非常期待能在大学乐团中继续演奏。然而在她的脑海中，她将乐团里的人归类为一群失败者。"

"当时的我很天真且年少不懂事，所以听信了她的话。我想她已经大三了，一定比我知道的多。第一个学期，我经常跟她和她身边的那群人在一起，但感到很痛苦。他们常常会贬低别人，我用了好几个月的时间才意识到她们批判其他人是"土包子"或"危险的"观点其实更能说明她们自己的本质。"

"最后，我受够了她们那种狭隘的观点，与她们分道扬镳。假期过后，我加入了乐团，结束了为赢得游行竞赛而跟着她们周游全国，并时不时得在足球比赛中充当兼职表演演员的生活。乐团里首席单簧管演奏者就是被我室友告诫要提防的一个种族团体的成员，但她最后成了我的闺蜜，直到现在我们还有联系。我无法想象假如我继续盲从于她们的狭隘观念，我的大学四年将会如何度过。从中我也学到了非常重要的一课。从此，我会自己决定对他人的看法，而不是让他人左右我的思想。”

“封闭的心灵就是最糟糕的监狱。”教皇约翰·保罗二世说。监狱的定义是“限制或监禁状态”。生活中，你有没有因为其他人告诉你某些人不是好人就把他们列入黑名单？这样做公平吗？当你根本不认识他/她的时候，你又怎么能断定此人毫无价值呢？不要因为一些模式或偏见就对人们关闭你的心门。如果你的目标是爱他们而非给他们定标记，那就给他们一个机会吧。

怀着一颗开明的心靠近的行动方案

你父亲今年60岁，鳏居多年的他又再婚了，你很快就要见到你的继母。你妹妹已经见过父亲的新任妻子，一点也不喜欢她。她说那个女人占有欲很强，而且相当粘人。第一次见面时，你将如何面对她呢？

失败的话	可用的话
在没有和这个女人有任何直接接触的前提下，你接受了妹妹的观点。 “爸爸为什么要和她那种女人结婚？”	你认为没有见过继母前就否定她是不公平的。 “在我们有时间共处前我不会做出任何评判。”
你注意到的第一件事情就是她紧紧地挽着父亲的胳膊，那架势好像她永远都不会松开一样。 “看起来妹妹说得没错。看看她死死挽着爸爸不松手的样子！”	你走近他们，并和你父亲选择的伴侣打招呼。 “我要给她一个机会。在我了解她之前，我对她的为人一无所知。”

续表

你继续将她的一举一动和话语都归入你的偏见。 “爸爸为什么选了这么个女人？她一定会把他管得死死的。”	你敞开心门，从而使自己不会先入为主地得出结论。 “他们俩在一起看起来很开心。爸爸能找到一个如此爱他的人，我真为他感到开心。”

第二十章

分享控制权

冲突就是一场争夺控制权的战争。

——舌功学

你想知道如何超越控制权之争吗?

第一个向我介绍分享控制权而非占有的人是一位睿智的出租车司机。当时，我刚刚结束在威基基的研讨会，会议结束时，距离我回毛伊岛的飞机起飞时间已不足一小时。我拦下一辆出租车，匆匆将我要赶飞机的情况告诉了司机。这位出租车司机一看就是位经验丰富的老手，绝不会将自己置于可能失败的险境。他扭过头，用一种充满敬意的口吻问道："我们可以走高速公路或尼米兹公路。你想走哪条路？"

我决定听从他的建议："哪条快就走哪条，谢谢。"他有礼貌地摇摇头，说道："你选吧。"我选了一条路，然后我们便启程了。我很想知道为什么他要我来做这个决定，所以我问了他。

他解释说："经验告诉我，当人们赶时间的时候，我为他们选择路线将会是一个错误。如果我们陷在堵车中，导致误点，他们就会觉得这全是我的错，并且迁怒于我。如果由乘客自己选择路线前往目的地，即便是因为同样的原因我们没能及时到达，他们也会自己承担责任而不是指责我。"

提供选择，让他们决定

我们是否会支持一个决定在很大程度上取决于我们是决定的执行者——还是拟定者。

——舌功学

从今天开始，当你面对一个涉及他人的艰难决定时，不要单方面决定采取何种行动并以一种既定事实的方式将其展现给他人。假如你这样做了，即便你别无选择，其他人也会有所抗拒。为什么？因为他们是决定的接受方，而不是制定方。

遇到这种情况，你可以想出两种彼此都能接受的选择，将它们呈现给团队，让他们去选择。与此相关的人们将会更加乐于接受决定，因为是他们做出了决定。

当你在工作中需要面对公众时，请谨记这一技巧。你可以为顾客提供两种选择，询问他们最终的决定，而不是直接告诉他们该怎么做。你可以说：“我们可以为您预约下周一下午一点或三点，您觉得哪个时间更方便？”而不是硬生生地告诉对方：“下周一下午一点前我们的预约都已经满了。”你可以询问对方“您是想退款还是直接用这笔钱购买我们的秋季演奏会门票”，而不要说“我们只得退款，因为演奏会被取消了”。为人们提供选择的机会可以让他们根据自身情况做出抉择，而这样做也会极大地提升他们对此次沟通的满意度。

让他们参与进来

相对于那些由他人发现的原因，人们通常更容易被自己找出的原因说服。

——布莱斯·帕斯卡

一个研讨班正在讨论控制权这一话题。在提到当你为了将团队利益最大化而努力，团队其他成员却并不那么欣赏你的这一领导行为，因为他们觉得你忽视了他们的时候，一名男性学员似乎表现得尤为感同身受。他们可能会拖你的后腿，因为在做决定的过程中他们没能获得贡献力量的机会。

他说："我真希望去年便能了解到这一点。我的大儿子秋天就要离家去上大学了，所以我意识到如果要将我们一直谈论的自驾游付诸行动，那就只能是这个暑假了。我给美国汽车协会打电话索要地图，然后花了好几个小时的时间研究所有环美自驾游路线，最终定下了我们的旅行路线，并做好了沿途的门票和住宿预定。"

"激动人心的日子终于到了。我们去加州挑选了房车，然后就出发了。刚刚上路还没走十英里，我最小的女儿就开口问我，'爸爸，我们什么时候到迪士尼游乐园？'我向她解释说我们不去迪士尼了，因为七月的游乐园人满为患，没必要把时间都浪费在排长队上。"

"她简直不敢相信我说的话。'我们距离迪士尼只有半小时的车程，可是我们竟然不去？'我继续解释说，我们必须在两天之内赶到大峡谷，所以我们有很长一段路要走。不用说，她非常不满意这个决定，在那天剩下的时间里一直嘟嘟囔囔地抱怨。"

他继续说道："你们当中有谁曾开车经过洛杉矶东部吗？目光所及之处全都是火热、干燥的沙漠，路面融化的沥青化作一股又一股热浪，扑面而来。我们迫不及待地想赶到露营地，让自己凉爽一下，同时在那儿的游泳池里尽情玩耍。在开了十二个小时的车，固定好房车后，我们带着满心期待走向游泳池……结果只看到一个干得开裂的池底，池里一滴水也没有！"

"最后，我们终于到达了大峡谷，却找不到能够容纳我们那辆巨大的温尼贝格房车的停车场。我开车在附近兜了一圈又一圈，最后只得放弃，将这个大块头停在了路边。那时，我压根就不关心它是否会因为违章而被拖走。想拖就拖吧！”

“我们走进峡谷。我的小女儿看了一眼空中走廊，扭过头，哭着问我：‘我们不去迪士尼就是为了这个？’”

我们玩得还不开心吗?

所有的一切都很有趣，只要它发生在别人身上。

——威尔·罗杰斯

那位父亲继续讲他的假期故事：“从那时开始，一切都开始走下坡路。第二天一早，从汽车后排传过来的全都是各种抱怨。‘我们还没到吗？’‘还要多久？’我觉得自己的付出没有得到欣赏，心里充满忿恨。他们难道不知道我花了好几个小时来计划这次度假？他们有没有意识到为了让一家人能够玩得开心，我请了整整三个星期的年假？最终，我一把抓过行车地图，将它一撕两半，扔到了外面，然后说：‘我放弃了。你们计划吧。’”

“后来，我们果真就是这么做的。我们将假期分摊开来。我女儿计划一天，儿子计划一天，我妻子有她的一天，我也得到了一天。在你的那天里，你可以做任何你想做的事情，只要能在晚上七点到达我们的目的地并且不超支就行。如果你想在你的那天睡个懒觉，所有人都跟着一起睡懒觉。如果在开车路上你想去看一场活蛇表演，我们就停下车去看表演。”

“你知道吗？我们一家人度过了自这个家庭建立以来最快乐的几天时光。事后我才意识到为什么一开始他们并不享受这个假期。这不是他们的假期，这是我的假期。”

我曾不止一次复述这位父亲的故事，每一次都会引起强烈反响。许多人都有过相同的经历。一名对此反响相当强烈的女性在我讲完故事后对我说：“故事里说的就是我们家。我们也曾遇到过类似的事情。我爸爸租了一辆房车，打算横穿新英格兰，从而让我们看看秋叶。不幸的是，车上有电视，对我们而言，《综合医院》里卢克和劳拉的婚礼显然比一堆树更能激发我们的兴趣。我永远都记得坐在前排的爸爸冲我们咆哮的场景：‘我花2000美元租车可不是让你们来看肥皂剧的。现在，把那东西给我关掉，到这儿来，看看这些树叶。’”

你是不是也曾和故事里的父母一样，花费大量时间和精力计划某事，到最后不但没得到家人的感激，他们反而对你抱怨连连。当掌握控制权的是你而非他们的时候，人们通常都不会对你表示感恩。如果你能学会分享控制权而不是占有它，人们就会觉得这才是他们的假期。

处于负责人的位置并不意味着全权包揽所有决定，那不是你角色的使命。在解决有争议的问题时，不妨分析一下具体的情况，列出公平的指导方针，给出合理的选择，然后让那些受其影响的人们做决定。也许，有些人并不喜欢最终的结果，但是他们会更乐于接受它，因为他们参与了制造这一结果的整个过程。他们将会自己发现在那种情况下这就是最好的决定。

交出——而后——得到控制权

交际中，我们每个人都会努力争取领导者的角色。假如我们成功地令其他人逊色于自己，我们的观点也得到了认同和执行，我们就会觉得自己很强大，同时获得一种心理上的飞升。

——詹姆斯·雷德菲尔德

在一对一的关系中，要务必留神这种渴望战胜对方的灾难性欲望。请永远牢记，你以战胜他人所取得的任何心理飞升都只是昙花一现。正如奥代塔所言："我们的自我感觉越好，所拥有的压倒他人登上顶峰的次数就越少。"反之亦然。你选择帮助他人攀高而不是踩低他们的次数越多，你的自我感觉就会越好。

将身边人看作是嘉宾主持而不是竞争对手。沟通时，寻求合作式的解决方法，而不要用经典的不上就下的竞争模式。与其绞尽脑汁思量如何战胜对方，不如努力想办法创造如何双赢的局面和解决办法。正如伯特兰·罗素说的："要么共存，要么都不存在。"

在一次研讨会上，一名股票经纪说道："我坚信这一点，可是我身边的人绝不会这样想。你现在说的这些与我在商学院学到的所有知识完全大相径庭。在学校，老师教育我们要顺着公司阶梯努力向上攀登。金融业是一个竞争趋于极端的行业。在我所在的公司，人们奉行的是自相残杀的原则。如果你没有产出，你就会被赶到大街上。为了同一个客户，同样的升职机会，我们所有人都在奋力拼杀。你几乎是被逼着成为电影《华尔街》里戈登·盖柯那样的人，'贪婪是好的'。"

同一个研讨班的一名女性随即发言："我同意。当有人试图想控制我们的时候，我们该怎么办？假如我们在努力尝试双赢的生活方式，可身边的人不愿贯彻这一原则，我们又该怎么办？"

这些恰恰是本书第四部分要解决的问题，这部分内容将会告诉你当其他人表现得冷酷或求胜心切时你该如何让自己继续以和善且合作的方式与之相处，以及你如何坚持自己的立场，温和且坚定地说不。届时，你将学会即便身边人并不认同你的生活价值观你也能坚持己见不动摇。

分享控制权的行动方案

周末，你和一个朋友去山上滑雪。他的滑雪技术比你好，很快就已经做好准备打算冲击地势更加险峻的山坡。你觉得自己需要再多练习一段时间才能应付难度更大的滑道，可是你的朋友催促你和他一起去。你该如何解决这个问题呢？

失败的话	可用的话
你不喜欢他帮你做决定。 “马克，你不能强迫我在没做好准备的时候去做某事。”	你知道自己能有办法解决矛盾，实现双赢。 “让我们来看看有没有办法使我们俩都能滑得尽兴。”
马克坚持说他会留神照看你，并且说你止步不前就像个胆小鬼。 “你怎么能够说我完全不用担心？你难道不知道这需要多高的雪上技巧？”	你寻找一个能让你们俩都能享有一定控制权的方法。 “你不想继续在这些小山坡上滑雪并没有错，而我不想冒着摔断腿的风险去尝试也是有道理的。”
你朋友继续把这当成是一个二选一的问题。 “别再强迫我做让我感觉不自在的事情了。我大老远来这儿可不是为了和你吵架的。”	你提出了一些能让你们俩都得偿所愿的选择。 “你去黑钻石坡探险，我练习更容易一点的滑道，你觉得如何？我们可以在午饭的时候交流心得。”

第四部分

得到更多你想要的，你需要的，还有你应得的

第二十一章

选择你的战斗

生活中最难学会的就是哪些桥该过，而哪些需要烧掉。

——大卫·罗素

你如何才能决定何时该将某件足够重要的事对外公布？你又该如何把握保留它们及将它们和盘托出的时机呢？

对峙，还是不对峙，这是个问题。这是因为，你不喜欢某人对待你的方式并不意味着将自己的这一感受公开就是明智之举。明智的做法是在与他人对峙前把所有可能出现的后果都先考虑一遍。

特蕾泽是我的一个朋友，她是一家大型医疗机构护工部的负责人。在四十岁那年，特蕾泽终于怀孕了。她捱过了并不轻松的九个月，并在家中度过了孕晚期。最终，她生下了一个健康的儿子。不过在重返工作岗位前，她自己还需要更多的时间来完全恢复。她的老板慷慨地给了她足够的产假，并且在为她保留职位的同时，还在她休假期间继续支付全薪。

就在她重返工作后不久，特蕾泽通过一次偶然的机会得知，与其他部门负责人相比，她的薪水每年少了近一万美元。对于这一差距，她感到很不公平，因为无论是学历、职责还是资历，她都绝不逊色于其他任何同僚。就在她发现这一令人烦心的事实后不久，我刚好前去探望她。她原本决定第二天就去和 CEO 谈谈，要他取消这一不平等待遇。

我问了她一个问题：“特蕾泽，现在的时机合适吗？”

从这一角度重新思考这个问题之后，她才意识到在过去的几个月里，她的老板已经给予了她不少特殊照顾。如果此时冲进他的办公室，要求补偿，她的老板一定不会乐于答应给她加薪。他很有可能会说：“你带来的问题可比你的价值多。”

她意识到与其为此和老板闹得不愉快，还不如在接下来的几个月里用一流的工作表现向公司证明她的价值。假如她在又一次为公司创造了很大的价值之后再和 CEO 谈及此事，他从赞许的角度考虑她这一要求的可能性也许会更大。

计算风险

上帝，请赐予我们优雅，使我们能安静地接受那些无法改变的事情；赐予我们勇气，去改变那些应该改变的事情；最后，请赐予我们智慧，使我们能将二者区分开来。

——**莱茵霍尔德·尼布尔**

想一想有什么人或事让你烦心。使用以下 CYB（Choose Your Battels——选择你的战斗）标准来衡量说出你的观点究竟是明智之举还是冒险。问问自己：

1. 事情是否琐碎，微不足道？也许一名销售称呼你为“亲爱的”，而你不喜欢这样的称谓。问问自己：“我还会再见这个人吗？”很显然，这件事并不影响世界和平，你完全可以不将其放在心上。

2. 这是你长久关心的事吗？如果你和一个每天叫你二十遍“亲爱的”的销售员一起共事，你该怎么办？现在，事件的级别提高了。这并非偶尔的一次不悦。从这一点来说，这件事也许值得你和那名销售谈一谈。

3. 事情的经过是怎样的？评估那些情有可原的因素。也许你开始这份工作才刚一个星期，而那个叫你“亲爱的”的女人已经在这儿工作了二十年。最近，你是不是因为抱怨其他事情而失去了耐心？你是不是“人缘好”，或者你正好捉襟见肘了？其他人对此也不胜其烦，还是只有你感到心烦意乱？

4. 这一行为是故意的还是无意之举？你觉得她这样做是有意想调动你的敌对情绪，还是她情真意切的一种称呼？

5. 这个能够或是会改变吗？这个人能够改变她的行为吗？她是否刻意对你区别对待？也许这个女人可以叫你的名字（毕竟，你也有自己的姓名标签），可是自从成年后她就一直称呼其他同性为“亲爱的”，而且并不觉得这需要改变。也许她的态度是：“这就是我的方式。如果你不喜欢，那只能忍耐！”

我曾看见一些涂鸦这样写道：“不要试图教猪唱歌。这样做只会浪费你的时间并惹怒那头猪。”你也可以把试图让这个人不再称呼他人为“亲爱的”等同于教猪唱歌。

6. 这样做是否只能在短期内给你带来好处，但从长远来看只会让你受损？问问自己：“我如果在这件事上纠缠不清，会带来什么结果？我是不是会赢得眼前这一小仗却输掉了整个战斗？为了实现一个更大的目标，我是不是最好该忽视这件小事？”乔治·S·巴顿将军建议：“计算风险，这大大不同于鲁莽，不顾后果。”也许，将这件事摆上桌面会令你的同事关系受损，而这并不是你想看到的结果。

在让嘴巴采取行动前先让你的思想准备就绪

只有傻瓜才会把两只脚都伸进水里去测水深。

——无名氏

在舌功学夫妻特别研讨班上，我让与会者想一件他们不喜欢配偶/伴侣做的事情。（一名自作聪明者曾反问："就一件？"）接着，我让他们使用前文提到的六个标准去评估这一令其不悦的行为，从而决定这是否值得他们敦促对方改正。如果对方的这一特质永远无法改变，而对方又有足以取长补短的优点，那么，也许是时候该将自己的注意力集中在对方整个人而不是专注于他做不到的事情上。

一名女性告诉我，这个理念挽救了她的婚姻："我丈夫喜欢打高尔夫。事实上，他活着就是为了打球。每个周六，他都会去球场，风雨无阻，和他的球友们从早上七点一直打到下午两点。为此，他错过了我们孩子的所有体育赛事。我永远都是那个开车带着他们出门，并努力解释爸爸为什么不能来看他们比赛的人。"

"无论我如何表示抗议，说这会伤害孩子（还有我），对他而言，打高尔夫这件事根本就没有商量余地。他觉得自己辛辛苦苦工作了一个星期，花半天时间做他想做的事情完全是他应得的回报。为此，我心中的愤恨与日俱增，我几乎打算给他下最后通牒：如果高尔夫比他的家人还重要，我们最好离开他。"

最后通牒 VS 理解万岁

绝大多数人都不会等到别人将其逼疯的那一天。逼疯他们的都是他们自己。

——无名氏

这位高尔夫怨妇说，她打算用CYB标准逐一衡量后再决定要不要给丈夫下最后通牒："我意识到他并不打算停止打高尔夫。他郑重其事地告诉我打高尔夫能让他保持理智，他打算一直打高尔夫直到孩子们不得不同意让他开球。"

"于是，我问了自己一个重要的问题：'这件事值得让我抛弃我们的婚姻吗？'我开始思考奥斯丁整个人如何，而不是只看到他的这一个缺点。最后，我的结论是我在这件事上有点过激，它并不值得让我放弃我们二十年的婚姻。"

"我决定：与其自己被他的这一爱好逼疯，不如我改变观点。如果一项体育锻炼能够让他有机会和朋友们外出，我会为他在这个项目上不断积累技术和经验感到高兴。我决定帮助孩子们，让他们将目光焦点集中到他们的父亲为他们做过的所有事情上，而不是这一件他没做的。我还决定每周日早晨都去找我最好的朋友一起散步或聊天，这样我就不会觉得周末单调乏味了。我选择不去打这场只输不赢的战斗，结果，我和他都成了赢家。"

寻找新的风景 VS 用新的眼睛去看

每个人都想着改变世界，可是没有人会想到要改变自己。

——列夫·托尔斯泰

想一件让你不高兴的事。基本上来说，你可以做三件事。

你能：

1. 改变其他人。这难度相当大。
2. 改变环境。在你采取某种激烈行为（譬如辞职、离婚或辍学）

之前，首先问问自己："我正在思考的这个改变能换回更高价值的回报吗？"如果不能，你的行为就是鲁莽而非明智之举。在你轻率处理这个令你不高兴的事件之后，你可能最终将会遇到另一个同样令你痛不欲生的烦恼。

正如多萝茜娅·迪克斯说的："太多人把离婚当成是解决所有问题的灵丹妙药，然而当他们试过后才发现，解药比问题更糟糕。"换言之，在你跳过篱笆前务必要确定篱笆那边的草真的比这边绿。

3. 改变自己。这个选项一直都在，而它通常也能带来好消息。在改变自我的过程中（无论你是否变得更加坚定自信，还是你选择专注于恋情的积极方面），你通常都会影响那个引起你改变的人，而这最终将会令你的周围环境得到改善。通过改变自我，你能把自己的世界变得更好。

"与其寻找新的风景，"马塞尔·普鲁斯特的建议是"不如开发一双新的眼睛"。如果采取行动的后果令人望而生畏，那么，也许是时候该开发一双新的眼睛了。选择从一个新的视角来打量你目前所处的情境将会改变你的观点。

选择你的战斗的行动方案

你的邻居有个正处于青春期的儿子，他酷爱玩摇滚，经常将声音弄得震耳欲聋。现在是晚上十一点，你正打算睡觉。你已经受够了这种噪音，准备去他家敲门说："把那要命的音乐关掉。"这时，你会怎么做？

失败的话	可用的话
你在没考虑后果的前提下敲门，把自己的感受告诉了邻居。 “你知道现在几点了吗？要么你就把那吵死人的玩意儿关掉，要么就不劳驾你，我亲自动手。”	你选择你的战斗。 “这件事琐碎细微吗？这是一个会让我长久关心的问题吗？也许这是件小事，可每周至少有三个晚上都是如此。”
你继续为了这烦人的音乐对他们喋喋不休。 “有谁能在听到这种刺耳的垃圾声音后还能保持平静？”	你继续评估这是否值得你与邻居纠缠。 “他们这样做是故意的，还是无心的？这个情况能够或将会发生改变吗？事情的前因后果如何？现在的时机合适吗？”
你发出了威胁。 “你要是不马上关掉音箱，我就报警了。”	你认为这件事还没有重要到值得你去敲门的程度。 “杰利，你能让你儿子把音乐声调小一点吗？谢谢。”

第二十二章

说“不”

我无法告诉你成功的秘诀，但我能告诉你失败的窍门：试图取悦每个人。

——比尔·科斯比

你想知道如何在拒绝对方的同时不给你的工作和人际关系带来任何风险吗？舌功学的一大重要功效就是学会如何同时尊重你和他人的权利。这的确是一大挑战。你什么时候该以他人利益为重，什么时候又该将自己摆在第一位呢？

如果你总是妥协，顺应其他人，你的人际关系就不会太健康。同样的，如果你只考虑自己的感受，你的人际关系也不会好到哪儿去。创造和维持成功的人际关系的关键就在于平衡需求。这一点说比做容易，所以我思考出了一种切实有效的工具，它能够帮助你区分何时应该顺应他人，对他们说好；何时该坚持己见，对他们说不。

当你面对一个艰难的抉择，恨不能将自己一撕两半的时候，不妨想想一个古老的称量工具：天平。找出获得满足及没有满足的不同需求，将它们放在合适的一边。

接着，你就会有一个客观的比对：谁得到了照顾，谁没有。如果天平上代表你利益的这一侧高高翘起，那么也许这一次你该满足他人的需求了。如果你不断妥协，放弃自己的需求，那么拒绝这个请求也并非自私，而是聪明之举。

自私，还是无私？

自私并不是按照一个人的心愿去生活——而是总要求他人按照某一个人的心愿去生活。

——奥斯卡·王尔德

假设有人央求你做某件事，而你不太想做。花几分钟时间填好天平表格。完成后的数据能够帮助你得到你能接受的答案。如果很显然你一直都在留意别人的利益，将自己的利益排除在外，拒绝就是恰当的。如果最近你忽视过对方的心愿，那么这一次也许你该满足他。

一个名叫葛兰的男人在一次研讨班上发言，理论上来说，他非常认可这一概念，但在现实生活中实际操作时却依旧感到非常困难："我一直就像音乐剧里那个高唱'我不能说不'的角色。你是否听说过这样的建议：把任务派给最忙的那个人，因为你知道这样就能完成任务了。我就是那个最忙的人。一个星期下来，我几乎每天晚上都要开会。我参加了太多的社团，弄得我几乎应接不暇。我就像一个空腹跑步的人，每次哀求要退出时，总会有人恳求我再接手一个项目。"

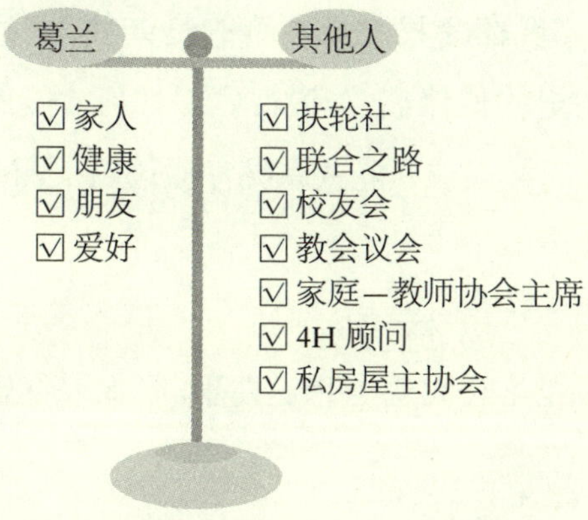

葛兰所在的研讨班把他的境况设为班级讨论话题。一名同学询问了他在这些团体的不同职责，另一个将它们记录在天平表格上（见上图）。很显然，葛兰效力的社团数量不少。他的需求得到满足了吗？他的健康如何？他和朋友及家人的关系如何？他有任何兴趣爱好吗？这样的生活真的是他想要的吗？又或是他的生活已经成了一个失控的陀螺？

葛兰说，与图标右侧那一串长长的社团义务相比，清单左侧列出的他的个人活动显得微不足道，这就已经足够让他能一劳永逸地解决所有困惑和难题了。他说："当我在脑海里思考这些的时候，除了更加困惑我别无收获。思考它们让我的头脑变成一团糨糊，事情变得更加混乱；把它们写在纸上就一目了然了。从现在开始，我要使用这个天平表格，这样我就能在全面了解的情况下做决定，而不是迫于压力仓促应承下来，事后又不得不为此付出我不愿付出的代价。"

说不，但不失去你的工作、朋友或家庭

人际交往中有三种大概的方式。第一种是只考虑自己，冷酷无情地践踏他人。第二种是永远将别人放在自己的前面。第三种方法是黄金法则……个人将自己放在首位，同时也将其他人考虑进来。

——约瑟夫·沃尔普

葛兰继续说："现在令我进退两难的是如何为我的日程安排减负，同时又不疏远社团里的伙伴们。"说得好。如何才能做到在拒绝他人请求的同时不伤害你的私人或职业关系呢？通过以下四个步骤你就能毫无后顾之忧地说不了。

1. 说："我想先花时间想一想这件事。"如果你曾有过在压力下崩

盘，只能事后哀叹的前车之鉴，不妨先问自己“是什么让我加入的”。这样你就不会不由自主地应承任何额外的耗费时间的职责了。谈判专家知道，在被要求立刻给出答案的时候，人们往往会做出平时不会做出的让步。不要让思想暴力策略杀得你措手不及。给自己一点隐私空间，这样你就能头脑清醒地评估各方面的需求。

请注意我并不是倡导逃避。我也承认，在现实世界中，谁都不可能一夜之间就变得更加坚定自信。如果一个人多年来已经习惯了妥协，让他突然停止这么做也不现实。这个第一步能够确保你在接受增加的职责前三思，从而使得你不会在高压之下难以支撑。

2. 说“不”与“好”。拒绝这一特定要求，并给出一个对你更有利的选择建议。如果有人要葛兰做一名职业协会的职员，他可以推卸这一劳动强度极大的职位，同时表示自己愿意以其他方式为协会效劳。也许，他可以为俱乐部的内部月刊写一个专栏，可以在家利用空闲时间完成这项工作，而无需与其他协会成员进行沟通配合。

3. 说“不”，并通过其他方法解决问题。让他们知道你不能出任，并且推荐一个能够胜任的候选人。你可以发挥专长，帮助他们获得想要的结果，哪怕你本人并没有亲身参与这一事件。

4. 优雅、坚定且毫无负罪感地说“不”。如果你一直都在付出，从没得到回报，你完全有权利坦然说“不”。“你的邀请令我深感荣幸，而我已经答应要把我的夜晚和周末时间留给我的家人了。”

如果对方坚持，使用可用的话让谈话沿着有建设性的轨道前进。你可以说：“我知道你们需要志愿者来维持机构的运行，而我也想履行我对妻子的承诺。”这样的说法认可了对方的情感，同时也坚定地表达了你的需求。用失败的话来拒绝他人——“对不起，可是我无法加入你们。你必须要明白过去几年我已经是超负荷运转了。”——只会导致疏远和失和。

善意并不意味着不断顺从

谦卑并不意味着就要抹去自身光彩。

——玛雅·安杰卢

与人为善不意味着总是顺从他人以求和谐。安和她的隔壁邻居杰姬都是全职妈妈。五年来，她们常常结伴，一起拼车或互为司机。后来，杰姬找到了一份在蛋糕房的工作，每天的工作时间为早九点至下午两点，这简直再合适不过了，因为这意味着当她的三个孩子放学回来时，杰姬已经到家了。

至少理论上是如此。杰姬上班第一周就打电话给安，解释说蛋糕房的老板想要她晚点下班。她问安能不能帮她照看孩子直到她下班，安非常乐于帮助朋友。

第二周，一个紧急事件拖延了杰姬的下班时间，第三周也同样如此。安自己尚未意识到，但事实上每天下午她都在帮杰姬照顾她的三个孩子。她对这位邻居利用她的慷慨为自己服务并且料定她会无偿帮助自己的这一做法非常不满。

安和我讨论了她眼下的困境。她不想再当免费保姆，可是她又不想失去这个多年的朋友。我建议她将各种需求可视化，放到天平表格中，来看看失衡的情况到底有多严重。她一直在拼命满足杰姬的需求，而与此同时她自己和她孩子的需求却无人顾及。说出她自己的境况不是不顾多年情面，而是聪明之举。

安决定在坚守自己利益的同时解决杰姬这一棘手的问题。她问同社区里一个女孩是否愿意照看杰姬的孩子。这位高中生非常高兴能够挣到零花钱。之后，安和杰姬坐下来好好谈了一次，解释说能够在朋友工作起步的第一个月帮忙，她感到很高兴，而每天下午她也想有一些自己的时间能够处理一些琐事并且陪陪她自己的孩子。安把那个乐于做兼职保姆的女孩姓名告诉了杰姬，并告诉她这个女孩对这份工作表示出了浓厚的兴趣，而且愿意以较低的薪水帮她照看孩子，因为她认识并喜欢杰姬的孩子……就这样，难题迎刃而解。

我不能说不

每次你对与时间、金钱、精力或帮助有关的请求说不的时候，你正在对其他事说好。

——玛吉·贝德罗西安

说到这一点，台下的观众中总会有人问：“要是我拒绝了一个请求，对方冲我发火怎么办？”在她那本读来令人心情愉悦的《生活不仅仅是一张待办事项清单》中，玛吉·贝德罗西安说，只要你明白在每次拒绝背后都有一个承诺，当拒绝一件事的时候你通常都会靠近另一件事，你就能更加坦然、自在地面对，“放弃悔恨”。有些人疯狂地想成为每个人的一切，最终只会落得个众人皆不在乎的可悲下场。什么是你真正重视的？你的时间和精力都是有限资源，不要把它们浪费在琐碎小事上。有些事情会抢劫你的宝贵时间，使你无暇顾及真正需要优先考虑的事情，只有识别出自己存在的真正目的，你才能对这些活动说“对不起”。

一个女人曾为我教会了她这一技巧对我表示感谢，因为那让她在面对其苛刻的母亲时变得更加坚定自信。萝达笑着说：“你有没有听过

‘妈妈就是无处不在的负罪感代言人’这么一种说法？我妈就是如此。每天，她都会打电话对我提各种要求。过去，我常常会被她逼得手足无措，因为我害怕对她说“不”。上周，她又打电话要我开车送她去商场。那天下午我忙得无暇分身，于是提出周六再带她去，这样我们就能带着我的女儿一起逛逛。她显然很不满意这样的安排，于是就开始在我耳边喋喋不休地念叨我日常安排毫无头绪之类的话语。”

“将需求放到天平表格中，将其视觉化这一做法帮我清楚地看到这些年来我一直在不遗余力地迎合并满足我母亲的一切需求。我爱妈妈，可是在当时那种情况下，我对她说“抱歉，我办不到”完全是公平的。我向她解释当日的其他安排，并提出周末开车送她去。又或者如果她有重要的事情必须今天去，我可以打电话帮她安排老人大巴。她哼了一声，可是我一点负罪感都没有，因为天平帮我看清楚了我这次拒绝她对我和对她都是公平的。”

了解自己的立场

如果你没有立场，你将在所有事情上都失去立足之地。

——无名氏

你的立场是什么？公元一世纪的犹太人拉比希列曾提出这样一个问题：“如果我都不支持自己，谁又会支持我？如果我独自支持自己，我是谁？如果我现在不支持自己，何时该这样做？”这一永恒且雄辩的话语清晰地表明了服务他人的同时服务自我的重要性。如果不学会如何以及何时说不，你为此付出的代价将是自我牺牲。

正如《喜福会》的作者谭恩美所述：“我不会一下子失去自我。多年的时光慢慢改变了我的容颜。”在公平的天平上权衡获得满足的需求，坚定自己的立场，如此一来，当你被迫点头的时候，你就不会跌倒。

说不的行动方案

你就职的公司一向为自己是当地慈善事业的最大贡献者之一而骄傲。今年，公司的目标是成为当地最大的慈善业主，而你的部门主管则向手下所有员工施压，要求每个人都必须捐出一笔大额善款。你尊重他人为慈善做出的努力，然而你已经从收入中抽出很可观的一部分捐给了另一个非营利性组织。当主管要你捐款时，你该如何回应呢？

失败的话	可用的话
你发现活动领导者的请求其实是一种变相的胁迫。 “我怎么能够拒绝呢？我将会成为部门里唯一一个分文不捐的人。”	你设想一个需求天平，看看它是否平衡。 “我理解慈善需要我们的支持，而我也有权利决定自己想捐助哪个组织。”
你自己设想的受排斥规则使你心怀恐惧。你不想破坏规矩。 “我的同事们会怎么说？他们会觉得我很吝啬。”	你的结论是你带着敬意拒绝他是公平的。 “我希望你们的活动能够成功，而我已经答应支持另一个慈善组织了。”
活动组织方不想接受拒绝的答案。 “他让我觉得如果我不捐钱我就是个坏人。也许，我应该妥协，顺从他。”	你提醒自己你并不自私，并且给出合理的理由支持自身立场，从而使自己不至于迫于压力而妥协。 “支持我们当地的慈善事业很重要，我也认同这一点，而这就是我为何已经为自己选择的慈善团体捐款的原因。”

第二十三章

变通地终止

谈话中的不幸就在于：人们在不知如何结束的情况下继续谈话。

——塞缪尔·约翰逊

想知道当某人喋喋不休说个没完的时候你该怎么办吗？

每次举办舌功学研讨班，几乎都会有人提出这一进退两难的困境。每个人都想知道："如何退出谈话才不会让自己显得粗鲁无礼？"合众国际社顾问兼专栏作家艾比盖尔·梵·布伦就曾在她的专栏中分析过这一常见的困境。一位读者抱怨说，她的一位生活艰苦的朋友每周至少给她打四次电话，每次至少都得喋喋不休地说上一个小时。这位读者说她的工作就是每天接听公众电话，与他们沟通。每天工作八小时后，当她回到家中，她最不想做的事情就是继续和朋友在电话里聊天。无论是她隐晦地暗示或直言不讳地说"我得挂电话了"，她的这位朋友都会依旧自顾自地说下去。她不想伤害朋友间的感情，可事情已经发展到了她讨厌接自己的电话的程度。

艾比给这个女人的建议是告诉朋友："很抱歉，我现在无法和你聊天，之后我会再给你打电话。"然后就挂断电话。她说之后可以是明天，也可以是下周或下个月。她建议这位读者配置一台电话答录机过滤电话，而且她还应该牢记："没有人能从我身上走过去，除非我先躺下来。"

艾比的建议当然不失为解决这一流行难题的方法之一。在这里，我特意用了"难题"一词，因为那些只顾自说自话，从不询问或考虑对方是否对自己的谈话内容感兴趣的人本身就有很大的问题。

终止无休止的谈话

任由自己无聊的人比令他无聊的人更可鄙。

——**塞缪尔·巴特勒**

终止话篓子的方式多种多样。这些技巧能够帮助你变通地终结永无止境的独白。

1. 核查得到满足的需求。在艾比专栏读者的那个案例中，双方的需求很明显已经失衡，而且这种状态已维持了很长一段时间。对她而言，是时候该终结这一不平衡了。

2. 在等待对方停止说话的过程中，不要默默地忍受一切。因为对方永远都不会停止。打断她，并说出她的名字。是的，我说的是"打断"。说出名字会让她暂停一秒，而此时就是你开口说话的机会。我知道，从小到大我们受到的教育都是打断人说话是无礼的行为，通常来说的确如此。然而，在这种情况下，到底谁是那个无礼的人？以优雅的方式结束一段独白式的对话并非麻木不仁之举；那个只顾自说自话，并且毫无停止意向的人才是真正不顾及他人感受的一方。

3. 总结她的话。用自己的语言来总结对方的话能够使她相信你一直都在倾听，同时这也是在不冒犯对方的情况下退出谈话的关键。回顾她刚刚说过的内容会给人一种谈话已经结束的感觉。

4. 用一种新闻综述的陈述方法将谈话放下。终结过长的商务对话的策略就是："只要我一挂电话，我就……"或："我们一结束谈话，我就一定会……"在私人聊天中，不妨尝试一种礼貌的话语："要是能有时间和你多聊聊就好了，而我现在需要去准备晚餐了。"或："真希望能去听你儿子的钢琴独奏会，只是我不得不去……"

5. 以结言和友好的话语结束谈话。诸如"谢谢你能告诉我""我会跟进那个建议看效果如何"或"看到你表现得这么好，我真的很高兴"之类让人听着心情舒畅的话语，能够抵消你语气中任何让人感觉唐突或无礼的因素。请确保你的语气在结束时保持平和下降的音调，这会让你的话听起来显得温和但坚定。如果你以试探的话语结尾或是询问"好吗"，就等于将发言的机会重新抛给了对方。

电话——朋友还是敌人？

让一个人变得令人厌倦的秘诀就是从不知何时该停止。

——无名氏

在一次研讨班上，当我说到这一点的时候，一名大学顾问给出了一个相当积极的回应："对我而言，这个概念价值千金。"我笑了，问她为何这么说。

"我的许多学生都是第一次离开家，他们感到孤单且困惑。为了表示支持，我把家中的座机号码给了其中许多人。至于剩下的故事，你们大概都已经知道了。每天晚上我都得和他们通上两三个小时的电话。我真的无法挂断他们的电话，那样似乎有些太狠心。可问题在于，我被耗空了，因为我根本没有时间让自己充电。此外，我丈夫也对我把大半个晚上的时间都耗在电话上这一事实开始心生不满。"

"我一直都在满足学生的需求，可是在满足我们自身的需求这一点上我做得很不好。从现在开始，我依然欢迎学生们在紧急事件发生时往我家里打电话。接到他们的电话，我会高高兴兴地和他们谈上十分钟或十五分钟，然后变通地终止谈话：‘我很抱歉，你不喜欢自己的教授。我一放下电话就会把它记下来，看看那个系其他导师是否合适。明天早上我还有个预约空档。你何不明天来找我，到时我们就能好好谈谈如何为你安排另一位老师。我期待明天早晨与你见面。’”

不失礼貌地结束过长的对话

这个世界上一半的人有话想说却不能说，还有一半人没什么可说的却一直说个不停。

——罗伯特·福斯特

同一个研讨班的另一名女性学员说：“这个概念在工作中有效，可它也同样适用于平时的社交吗？上周末，我去参加一个单身舞会，却被一个超级自恋的男人逼入困境。你们都听说过那些言必称‘我’者的经典对白吧？‘好了，说我说得够多的了。你觉得我怎么样？’那个男人就是如此。在这个完全不懂礼数的人的脑海里，谈话就是等我闭嘴，然后他就能说更多关于他自己的话题。我根本无法逃离他。”

如果你不幸被世界上那一半没什么可说却一直说个不停的人逮住了，请记住需求平衡。如果那个人感觉迟钝，企图独占你的时间，那么终结这一不公平的谈话就是明智之举而非粗鲁。这个女人完全可以说：“克雷格，谢谢你分享的关于上网的一些小窍门。你说得没错，听起来我似乎真该好好了解一下。我想去试试这些刚学到的小知识。谢谢你能和我聊天。”然后微微一笑，迈着坚定沉稳的步伐转身离开。

你是不是觉得这种技巧就是一种显而易见的闪电战攻势？其实正如罗伯特·富尔格姆的那本畅销书的书名说的，“也许是，也许不是”。在一次演讲中，我分享了这个故事，一个女人听完哈哈大笑："要早知道这一招我昨晚就用了。吃饭吃到一半接了一个推销员的电话，结果我就再也没能把电话放下！我一直在等他闭嘴，可是他连气都没喘过！为此我错过了最喜欢看的电视节目！"

其余的小组成员也纷纷表示自己也曾有过类似经历。我问他们："决定是否接电话的那个人是谁？决定打电话时间长短的那个人是谁？决定是否错过最喜欢的电视节目的那个人又是谁？"如果你确定自己不想买电话推销员的产品或服务，就别等他结束他的高谈阔论。你大可以用一句礼貌的"谢谢你，我不感兴趣"结束这次谈话，然后轻轻地放下电话。推销员的这通电话不会有任何产出，你这样做为他节省了时间，也为自己争取了更多的时间去陪伴那些你珍惜的人或事。

婉转地转向

究竟是你在骑马，还是马在骑你？

——**舌功学**

也许，你还想知道如何从一开始就阻止某人开口说话。在我举办的另一个研讨班上，一位名叫勒诺拉的前台接待员提出了她的问题："有些公司员工以及来访者期望无论何时，只要他们想聊天，我都立刻放下手头的事情。我不想让自己变得不合群，可是我又不能呆呆地坐在那儿，光听他们啰嗦。我也有工作要做。我该怎样做才能让人们知道我现在没时间说话，而又不会显得不够友好呢？"

表现出适当的友善的关键就在于：你骑马，而不是让它骑在你的脖子上。在我的书《专注：如何专注于成功》中，我说过在办公室里优雅地保持高效率的关键就是："有勇气在待人接物及时间问题上表明自己的决定：什么是重要的以及什么必须放在第一位。”这一婉转地转向技巧能够帮助你巧妙地把握自己的工作日程。

1. 无论何时，每当有人打断你，询问或告诉你某件事的时候，能够立刻发现他／她的目的。然后问自己：“这比我正在做的事情更重要吗？”如果是，那就想尽办法扭转你的注意力。

2. 如果不是，有勇气重新判定对方的这次打断行为。是的，让自己变得平易近人很重要，可以什么作为代价呢？如果你不断地将他人愿望置于自己的心愿之前，结果就是你的表现会受损害。你必须决定你专注的人和事，以及关注的时间点及时间长短。请务必使用积极的话语，因为这样看起来你不会显得太无礼。

· 从叫对方的名字开始（这能确保你获得他的全部注意力），接着表达你打算处理这一情况的意愿。你可以用诸如“我想和你谈谈这件事”或“我知道这件事上你需要一个答案”之类的话语来肯定眼前情况的重要性，而不要用“现在我不能和你谈这件事”拒绝对方，或是对他们说“你还得等等”让他们感觉没面子。

· 用“而”引出接下来的话语，解释你手头目前有工作没完结或是有一件必须立刻完成的紧急要务需要打理。你可以说“而我已经答应摩尔女士会给她回电，告诉她……”或“……而我需要先为早晨九点召开的员工例会完成准备工作。”

· 接着问：“你能下午再过来一趟吗？”或：“我能在……之后给你回电吗？”相对于以命令的口吻对某人说“你得等事情没这么混乱的时候再过来一趟”，以及拿自己有多忙对他抱怨“我已经跟不上大家的进度了……现在我可没时间”，询问性的合作要求通常更容易被对方接受。最后，以“感谢你的理解，你能够答应……我深表感激”这样的话优雅地结束这次对话。

过去参加过研讨班的一些学员已经将变通地终结和转向作为自己的一种工作习惯，他们纷纷表示这让他们的工作效率有了大幅提升。一名主管承认："过去我常常早来晚走，因为工作时间我根本就没功夫干自己的工作。现在，我会问自己，对方的需求是否值得我付出此刻的时间与精力。起初，我还担心拒绝他人可能会冒犯对方，可是事情恰恰相反。不少同事都说他们非常佩服我能坚持自己工作优先权的决心，而且还问我是否能够告诉他们如何才能做到这一点。"

变通地终止的行动方案

你在商场逛街时偶然遇到了过去的同事。你很高兴能遇到她，可是你时间有限。她给了你一个大大的拥抱，并且兴奋地和你说起了她订婚的事情。这时，你该怎么办？

失败的话	可用的话
你开始在心中抱怨，并打算放弃购物计划，因为没有时间买你想要的东西。 "嘿，詹妮弗，好久没见！快和我说说你最近如何？"	你想到了需求天平，决定保持需求平衡。 "詹妮弗，你看起来不错啊。下周你有时间一起聊聊 / 散步吗？我想和你好好聊聊。"
尽管你不愿意但你还是答应一起喝杯咖啡。 "哦，好啊，一起喝杯咖啡很好啊。商场里有位置吗？"	你变通地拒绝了喝咖啡的邀请，因为你很清楚眼下你的要务是什么。 "我也希望能有时间和你喝咖啡，而我现在只剩一小时的时间给我儿子买礼物了。"
你懊悔地看着自己的手表，意识到你得再跑一趟了。 "我想我还得再跑一次商场。"	你委婉地结束了谈话，在满足自身需求的同时也顾及了对方的感受。 "我真高兴能再次见到你。我期待……"

第二十四章

自信地想和做

我总是从外界为自己寻求力量和信心，可它来源于内心。它一直都在那里。

——安娜·弗洛伊德

想知道如何激发信心，从而为你赢得人们的尊重吗？

许多惯犯解释说，他们的犯罪方法就是选择那些看起来容易被胁迫的人作为犯罪对象，带有弱者体态（蜷缩的肩膀、耷拉的视线、试探性的步伐）的人会让犯罪分子觉得容易得逞。与之相反，懂功夫的武术高手全身都散发着一种能够阻止身体攻击的确信。舌功学大师想获得的正是语言上的这种确信——以一种安静的信心制止任何来自他人的不良对待。

退缩，还是屹立不倒？

假如一个人心存任何一种恐惧，它会从他的思想中渗透出来，侵蚀他的人格，使他成为幽灵的寄主。

——亨利·沃德·比彻

通过这个简单的五秒练习，你就能发现感觉恐惧和感觉强大之间的巨大差异。如果通过他人帮助使你能够亲眼看到“可怜的我”与“自豪的我”这两种姿势的差异，这个练习将会变得更加有效。

请起立。现在垂下肩膀，使它保持松弛状态。弓起背，低下头，眼睛看着地面。两脚并拢，保持“遮羞”姿势（两手交叉遮挡在身体前方）。你是不是觉得犹豫不决，对自己缺乏自信？

现在挺起胸膛，肩膀向后展开（这样做会使你自动抬起头，整个人都挺拔起来，并将你的两只手带到身体两侧）。让你的两只脚稳稳地站在地板上，两脚距离与臀部同宽。你是不是感觉无形中更加自信了？

五秒信心修复法

人由信仰构建。他相信故他在。

——《薄伽梵歌》

五秒信心修复法是一种简单易行的通过自信的行为让你感觉有信心的方法。当你沮丧的时候，你很有可能就会摆出一副低迷的姿态。你的脊柱和精神都会松弛下来。这时，你可以挺直肩膀，抬起下巴，摆出一种运动员式的高昂姿态，同时用双脚稳稳支撑住身体，从而驱散心中的阴郁。你立刻就会变得乐观起来，因为无论是看待事情本身，还是你的内心状态都有了一个向上、向前看的姿态。高高扬起头，你就会觉得自己不再那么容易受到精神掠夺者的伤害。

我可以很高兴地向大家汇报：五秒信心修复法已经在现实世界中创造了奇迹般的效果。我的两个儿子安德鲁和汤姆去参加毛伊岛的《彼得·潘》的试唱，他们带着对《失落的孩子》的畅想，飞快地填完了所有表格，然后等待出场。

他们之前的二十个试镜选手一看就知道全都是经验丰富的职业小演员，轮到汤姆上场时，他面对台下众多的观众，刚唱了一节就忘记了下面的歌词。在接下来的表演中，他演得相当吃力。试唱结束后，他带着自责慢慢向自己的座位走去。坐下后，他缩起身体，努力不让自己的眼泪掉下来。

他越是回想刚才的情形，精神就越萎靡，坐在椅子上的身体几乎完全缩成了一团。我看得出他马上就要哭了，于是对他说："汤姆，坐直了。"他挺直了上身，整个人的状态也随之发生了改变。他离开崩溃的边缘，找回了自信。

假如汤姆没有改变坐姿，他可能还会沉湎于他所认为的羞耻之中无法自拔，甚至会逃避之后所有的试镜机会。与此相反，就在当天晚上，他和他兄弟还兴致勃勃地讨论自己接到第二轮面试电话的希望有多大。

下一次，当你尝试某事，结果却不太顺利的时候，请记住这个方法。如果你因为失败而消沉，不妨通过改变身体的姿态来改变你的自我感觉。使用五秒信心修复法，你就能走出阴郁，告别沉重，迎来轻松的好心情。

一切都由你掌控

怀疑是一种痛苦，因为过于孤独而从不知道信仰就是其兄弟。

——卡里·纪伯伦

有没有一件事会让你膝盖发软，手心冒汗？你是否打算参加配偶公司的圣诞晚会？你是否曾身处国际象棋锦标赛的决赛，而对手的级别远高过你？你是否需要去咨询一位总是抱着"这不在我职责范围内"态度的同事呢?

你想不想以一种镇定从容的姿态——而不是带着恐慌——面对这些事件?只要你能运用可视化将内心的自我怀疑转变成果断,你就能做到。无论在哪个领域,可视化都是能够用来改进自身表现的最好工具。这样说很大胆,对吗?以下四个行为分析解释了可视化是如何生效以及为何能如此有效的原因:

1. 信心来源于最近、频繁且成功的练习。

如果某事做得很好而且最近经常做,面对这件事的时候你就会充满信心,对此你难道不认同吗?这就是信心……感觉"我能"来源于已获证实的竞争力。

2. 紧张是由于你专注于自我怀疑和恐惧造成的。

如果你在心里想:"我该怎么办?我当着那些人的面噎着了怎么办?"你就会紧张不安。紧张是执着于担忧和疑虑的产物。

3. 人们在不熟悉的环境中会感觉不自在。

战斗或逃跑反应是人类一种本能的生存机制。当你身处不熟悉的环境中,你的身体就会分泌肾上腺素,从而使你获得防御或逃跑的必备能量。当你不了解周围环境时,你会处于一种焦虑状态(拼命抵抗"不了解")。只有当你花时间待在一个地方,知道这里是安全的之后,你才会放松下来,伴随新环境而来的紧张感才会渐渐消失。

4. 心理练习比实际练习能更加有效地使你变得更好、更快。

实际练习的确能令你受益,可要想每次行动前都练习得轻车熟路是不可能的,所以你就会把错误和不佳的表现牢记于心。可以想象完成的练习,这能够令你进步加速,缩短技能获得时间,因为你每次都能做好。

担忧 VS 预演

恐惧会让原本可以成为朋友的人变成陌路。

——莎莉·麦克琳

在一次研讨会上，我提到了可视化的理念，一个名叫玛莎的女人随即说出了自己的疑惑："我儿子下个月就要结婚了。每次在脑海中设想婚礼当天的场景，我都会把自己弄得焦头烂额。思考这件事让我感觉更糟，而不是更好。我已经开始对他的婚礼心存恐惧了。"

我很好奇当玛莎思考婚礼的时候她的脑海中会出现什么样的画面，所以我问她："你不喜欢新娘吗？"

"不，不是这样的。"她立刻纠正我，"我儿子的未婚妻是个可爱的女孩。只是她是我们那儿一个显赫家族中的独生女，她家将会举办一个超大型的婚礼。她的父母是富豪名流，我们夫妻俩和他们没有任何共同之处。订婚晚宴上，我坐在他们旁边，整整一个晚上我连一个能和他们聊聊的话题都想不出来。我就知道在这场盛大的婚礼中，在三百名女方的亲朋好友的包围下，我一定会感觉无比尴尬。"

当我问到距离婚礼举行还有多久的时候，她回答说："三个星期。"我说："玛莎，你可以把接下来三个星期的时间全都用来担心，或者你可以用它来预演排练。你可以和自己说说内心的忧惧，你也可以说说你有何期盼——那将会是一场怎样的婚礼呢？"

我建议她采用以下几项指导原则将可视化练习变成一种积极的准备。我解释说，可视化练习可以为你所用，也能与你作对，这全都取决于你的专注点。通过一遍又一遍地设想正确的事情，你就能积累信心，将对事情的害怕变成果断的决心。

1. 还原现实场景，越接近实况越好。教堂什么样？你会坐在哪儿？竭尽所能填补各项细节，并调动自己的全部感官去感受。如果你只是从一个场景跳到另一个，心理练习的效力就会大打折扣。你可以通过设想从开始到结束的每个步骤来建立一种情感流。通过这种方法让你去熟悉那天将会发生的一切，这样你就能“到过那里，做过那些事”。

2. 设想你不想发生的事情，计划好如何回应它。

你可能会认为：“这不是背道而驰吗？如果我专注于内心的恐惧，这岂不是会让我更加紧张？”如果你只是专注于所有可能发生且让你害怕的事情，你的确会如此。你不妨再走远一点，设计好你如何镇静地处理最糟糕的噩梦情境。预计什么会出错，想好你该如何保持冷静——无论发生什么事。你可以把自己想象成一位优雅的女主人，在客人中寻找结识新朋友的机会，同时确保家人得到了优质的款待，而不是想象自己被一群陌生人包围，恐吓自己。不要想如何逃避新娘的父母，而是设想你慢慢靠近他们，和他们握手，对他们为了让这一天变得如此特别而倾注的时间和精力表示称颂。

3. 积极地为你想呈现的表现准备措辞并反复练习。

请务必用积极的方式来展示你想要的的表现，而绝不要消极对待。不要说“我会感觉难为情”，而是告诉自己：“我要去见见那些因为关心我儿子所以愿意在这个特殊的日子前来祝福他的人们。”你可以这样想：“我真高兴我就在这里，我要享受婚礼仪式的每分每秒。”而不要沉湎于“这些社会名流让我感觉怯场”。

婚礼后，玛莎写信告诉我：“那一天正是我想要的一天。我没想到我能如此健谈，彻底克服了之前的恐惧心理和悲观的预计。有人曾经对我说‘担忧就是祈祷让你不想要的事发生的办法’。我想，可视化练习就是祈祷并促成你想要的事情发生的方法。”

充满信心地说出内心的想法

注意你的言语，以免有损你的命运。

——威廉·莎士比亚

一个人认为自己能改进莎翁名言的想法实在是放肆而冒昧，然而你是不是也觉得应该注意言语，从而使你能创造自己的命运？力量就是促成事情达成的能力。你的力量取决于你通过话语教育和激励自己的能力。如果你想让自己的话变得有效，掌握自信地表达自我这门艺术和技巧就变得相当重要。

然而，在《清单书》引用的一项调查中，很多人害怕公开发言甚于死亡。在我举办的研讨会上，当一名参与者问我这怎么可能的时候，另一个人一语中的地答道："显然如此。我们只会死一次。"各个年龄段以及各阶层的人都承认，只要一想到自己要对一群人发言就会觉得手脚发软、发凉。

你完全能够克服这一恐惧，学会如何说出内心的想法，你需要的不过是上一节中列出的三条可视化练习指导原则以及寻求信息，而非打动他人的发言初衷。如果你觉得难为情，那是因为你的关注点在自己身上（我看起来如何？他们如何看待我？）。如果你把注意力焦点转移到观众身上（什么能让他们觉得自己没有浪费时间？如何让他们能从这些理念中获益？），你就不会再执着于疑虑。你的焦虑感也会随之被提供有价值信息的使命感所取代。

将恐慌变为镇静

接纳你的缺陷，毫无疑问，它们就会为你所用。

——理查德·贝奇

一个男人的成功故事证实了心理预演如何将恐惧转变成愉快。凯文要在他所在的职业联合会的全国大会上宣读一份论文。他承认自己为此害怕得要死：“我这辈子还从未对超过五十个人发表过演讲，而届时将会有超过五百个人出席我要参加的那个会议。我担心到了那儿我会在自己的同僚面前出丑。”

我说：“凯文，你可以保持你的局限性，但也可以消灭它们。在接下来的十个晚上，专心做这个五分钟可视化练习。你需要在一天工作结束后选择一个时间来完成练习，这样你就不会因为其他事情而分心。安静地坐下，设想你参加会议的大厅的样子。如果你以前没去过那儿，打个电话给酒店询问一下也是值得的。”

“想象主持人向观众介绍你，而后你迈着矫健且坚定的步伐走向演讲台。你看到自己微笑着望着台下的观众，并且在房间里前后左右各个方位的观众中选取至少一名观众，与他／她进行目光接触。想象你为能有这个机会与大家分享你的想法和观点而心存感激。”

“设想你站在那儿，一动不动，直到所有人的目光都投向你。你看到自己用一种有条理且便于理解的方法阐述自己的观点，嘹亮的声音响遍房间的每个角落。在脑海中设想你展开胳膊，伸向观众，想了解他们是否从你的演讲中获得了有价值的信息。最后，你用一个鼓励大家积极实践你想法的号召结束演讲。”

会议结束后的第二天，凯文给我打电话：“方法真的有效！到那儿后，我感觉很舒服，那感觉就像是我做过一百次这样的演讲一样！”他的确做过一百次这样的演讲——在他的脑海中。

可视化练习能够确保成功吗？不，它能确保你的表现获得改进。约翰·F·肯尼迪说过：“不是所有我们面对的事情都能被改变……可是如果不面对，没有事情能被改变。”现实生活中的场景也许并不全像你“刻画”的那样，然而只要你能冷静地应对，它们自然就会进展得更加顺利、成功。用可视化练习压倒你的恐惧，你就能把潜在的灾难事件变成极大的成功。

自信地想和做的行动方案

一个星期后，你就要去参加高中毕业二十五周年聚会。你非常渴望见到那些失去联系很久的伙伴们，但是这些年你的体重一直都呈上升趋势。你正在考虑与其忍受每个人惊讶的目光，倒不如不去参加这次聚会。你该如何打发这些思考时间呢？

失败的话	可用的话
你和自己的对话让你感到恐惧、难为情。 “当大家看到我现在这个样子的时候，我会尴尬得恨不得钻到地里去。”	通过和自己对话，你让自己变得果敢，充满期望。 “我期待能和我的朋友重聚、聊天。”
你专注于你的疑虑和恐惧，进一步增加了自己内心的紧张感。 “其他人可能看上去都棒极了。我会显得特别引人注目，然后很难为情。”	你使用可视化练习在心中预演当晚的场景。 “我会高兴地了解到乔伊斯和凯莉现在究竟如何了。而且我不会错过任何一支舞曲。”
你担心事情会不顺利。你一直纠结于这件事，最后你决定不去参加聚会。 “算了。我还是别去了。那会使我蒙羞，我将无法放松，自然也就不会开心。”	你让自己熟悉了聚会的场地，设想自己昂首挺胸——而不是缩头缩脑地走进去。 “我要昂首挺胸地站在那里，充分利用这个最佳机会与失联的高中伙伴重新取得联系。”

第二十五章

劝说的五大原则

生活若想平静，勇气就是代价。

——艾米莉亚·埃尔哈特

你已经准备好说出你的心愿了吗？仅仅拥有正当的理由是不够的。首先，你得鼓起为自己说话的勇气，然后在合适的时机，以动之以情的方式有技巧地说出你的想法，这样你的听众才会自发地点头说好。

正如美国散文家约瑟夫·伍德·克鲁奇说过的："猫似乎总是遵循一条原则，即从不做有损其需求的事情。"既然这条原则适用于猫，也许它同样适用于你。

我的朋友雪莉是个喜爱运动的人，她在位于华盛顿特区的一所法律公司就职。身为法律文员，她每天中午休息时都会沿着史密森尼博物馆外的小路慢跑。她喜欢进行户外锻炼，可是一点都不喜欢不洗澡就重新换上她的职业套装。她找到合伙人，提出公司应该开辟一间女士更衣室，就和为公司男职员提供的男士更衣室一样即可。结果他们以降低成本、空间不足等理由拒绝了她。雪莉给我打电话，寻求帮助。

在电话里，我首先赞扬了她对自己梦想的坚持。我建议她坚持梦想，努力使梦想成真，前提是她能使用劝说的五大原则。

运气 VS 命运

我们创造自己的运气，然后将其称之为命运。

——本杰明·迪斯雷利

1. 带着积极的预期来面对事情。

你可能会觉得这个建议有说废话的嫌疑。正如我的讨论小组中有人指出："这是常识，我们都知道。"作为回答，我引用了我父亲过去常说的一句话："虽然它是常识，但这不代表人们常常这样做。"

你是不是也曾走到一群人身边，而心里却想着："这根本就是浪费时间。他们永远都不会通过这个。"如果连你都不相信自己的建议有获得通过的机会，他们又怎么会认可它呢？德怀特·D·艾森豪威尔曾经说过："悲观主义从没赢过一场战斗。"和自己对话，使你进入一种乐观的状态（"我知道这是值得的"），这样你就能带着确信的勇气来面对事情。

2. 预计并说出他们的反对意见。

想一想他们为何会说不的原因，选择他们可能会拒绝你的原因，然后首先陈述他们的观点。如果你不以他们的反对观点作为陈述的开场白，他们甚至根本就不会听你说。他们会等待自己开口的机会，接着告诉你为何你的提议行不通。如果你预计到他们会以"我们预算中没有这项开支"为借口来表示反对，那不妨想想从你嘴里首先说出什么话对你更有利？"你也许会想到我们手头没有可用的资金，而如果接下来的十分钟里你能听我说完，我就能告诉你，我们如何能在之后的三个星期里省出这笔钱。"

3. 为每个论点编号并提出论据。

我高中的辩论教练过去常常教育他的学员："你的专业水平由你思

想的条理性来决断。”在陈述的这件事上，你可能是世界上最有话语权的权威，可是只要你的论据缺乏条理，观众就会得出一个结论：你根本就不了解你正在谈论的这件事。

最简单且最快速的为论点树立权威的办法就是为它们编号。“为什么说这个新增设施是值得的，总共有三个原因，第一……第二……”以此类推。编号的论据会让罗列的材料听起来更像是事实，而不仅仅是个人观点，所以它更有说服力。不仅如此，清晰的结构更加便于听者理解并记住你说过的内容。

作为国家演讲协会的一名成员，以及一个有着超过十五年演讲经验的职业演说家，我学到的最有效的传递信息的方法就是遵循以下模式：提出论点，给出一个例证；提出论点，给出一个例证。例证有双重功效：观众会记住例子，而这能够让他们想起你的论点；此外，例证还能提供证据证明你的观点能够使其受益。

4. 满足他们的需求，使用他们的语言。

避免使用“我”这个称谓，譬如：“我认为更衣室能使我们职员受益。”人们不会因为你的个人原因而做某事；他们会因为自身的原因去做它。保罗·哈伦·柯林斯在他的《今日笑语》中提供了不少例子说明父母们该如何掌握这一原则的俏皮话：“要想让你家十几岁的孩子清理车道，最好的办法……就是告诉他他能用家里的车。”以及：“如果你想教孩子们数数……给他们不同金额的零花钱。”

问问自己，你想说服的那个人最看重的是什么。金钱、安全、名誉、地位，还是权力？想一想如何让你的提议使他受益，然后说出这些好处。如果他看重作为领导在这一领域的声誉，你不妨强调他将会成为第一个执行这一创新理念的人，而在接下来的几年当中，他的这一先锋做法都将成为行业标准。

5. 激发他们“尝试”你想法的积极性。

拉尔夫·沃尔多·爱默生已经意识到了：“知道如何提建议是一门伟大的教育艺术。”劝说也同样如此。如果你施压迫使人们了解你论点中的智慧闪光点，他们也许会因为不喜欢被人掐着脖子的讲理方式而拒绝你。劝说的目标是以问题和故事吸引对方的注意力，从而使他们听到你说的话。一旦对提议的内容有了概念，他们就走出了消极的抗拒模式，开始在脑海中想象你的理念，仿佛它们已经是既成事实。

以3R扭转拒绝

永远别想改变一场有胜出希望的比赛，需要改变的总是将输的比赛。

——文思·伦巴第

我的朋友雪莉说：“如果一开始就用这五大原则来提议，我的建议很可能已经被通过了。现在我担心一切都晚了，我已没有机会。既然拒绝了我，合伙人就不会再给我机会了。”

她说的这点非常对。一旦人们给出否定意见，这件事通常就已经没有回转余地。不过，只要你发掘并说出新的证据，你就能令被判死刑的提议死而复生。提出一个新论点引起他们的注意：一个在第一次协商中没讨论过的论点。现在，他们就有合理的理由来改变主意，得出一个截然不同的结论。他们可以颠覆自己之前的结论且丝毫不失颜面，因为你给了他们一个全新的条件让他们以此来做决定。正如令人尊敬的足球教练文思·伦巴第给出的建议：如果你最初的战术无法带来胜利，那就是时候尝试别的战术了。

我向雪莉推荐了3R法则，让她用它去激发合伙人重新考虑其要求的积极性。如果最近你也遭到了拒绝，没能达成目的，不妨用心记住我的这个建议。

Retreat（撤退）：优雅地退出该事件。不要在离开时狠狠地摔上门，因为你可能还要再次打开它。优雅地接受拒绝，这样当你想再次尝试的时候，门还会为你敞开。

Reevaluate（重新评估）：他们为什么会拒绝你？你是不是没有提及他们的需求？你是不是忘记为自己的论点编号，从而使得你的提议听起来毫无条理？改进你没有做好的那一部分工作，发现第一次没有用过的证据。

Reapproach（再次接洽）：规划一个新的预约，以“我知道我们上次已经谈过这件事，而我又发现了一些能够给事情带来新视角的信息”这样的话开始协商。然后，再按照劝说的五大原则以及成功的话逐一陈述你的观点。

因为雪莉完成了她的功课，所以当她再次提出同一个要求的时候，她获得了批准，得到了她想要的更衣室。她给国家健身协会打了电话，得到了员工在午休时间健身能够带来的经济效益的相关数据。她还联系了其他几家公司，从那里得到了公司通过安装更衣／淋浴设施从员工那儿获得的补偿性回报数据。在空间不足这个问题上，雪莉向合伙人展示并证明了将一间使用率极低的会议室改造成更衣室的各项好处，从而扭转了对方的反对意见。之后，她打电话告诉了我这个好消息，并在最后用自己的话诠释了尤吉·贝拉那句常被人引用的话：“看起来一切都得等到健康女人唱歌才算结束。”

劝说，不要强迫

在教育当中，传递的是方法而非内容……吸引，而不是填鸭。

——艾希莉·孟塔古

在一次研讨会上，一名学员说："你说的我都理解，除了第五项原则。具体点说，你如何才能让别人'尝试'你的想法？"

他提的这个问题非常棒。如何才能让人们重新考虑并接受你的想法呢？不妨向苏格拉底讨教一个小窍门，这位哲人非常睿智地发现，相对于被迫灌输的内容，人们更容易记住自己发现并掌握的知识，而且记得更多。在是否能够成功劝说这一点上，苏格拉底这种将陈述变为带修辞的问句的方法的确很关键。区别就在于前者是强迫他人做决定，后者是以煽动性的方式提出你的想法，从而让他能自己做决定。你可以把人们引到精神司机的位置，调动他们思想的积极性，专注于你的想法，从而扭转其抗拒心理。例如，与其直接陈述你的观点："我认为，我们的女同事应当有一个更衣室，让她们在运动后能沐浴更衣。"你不如问他："你想知道怎样通过为女同事设立更衣室来减少我们公司的病假率并降低员工补偿成本吗？"

告诉我一个故事

有时候，逸闻轶事是事实的最佳载体，而用假设来旁敲侧击通常会比据理力争的效力更大，留下的印象也更深刻。

——泰伦·爱德华

成功勾起感知细节的故事能将听者的思维从理性的左半脑转移至感性的右半脑。即便是最犀利的批评家也会乐于听一个有趣且动听的故事。一旦听者对你所说的轶事结果感兴趣，他们就会思量你的观点。生动的语言画面具有将空洞的修辞转变成个人现实体验的强大能量。

我的一位同事玛丽亚很骄傲地通过了不动产经纪考试，取得了执业执照。在带客户看过无数套在售房屋后，她的成交率依旧是零。她拖着沉重的步子走进上司的办公司，整个人瘫坐在他桌旁的椅子上，大叫道："我放弃了！"

他说："你怎么能就这样放弃了呢？你成为一名房产经纪才不过几个月的时间。"她郁郁寡欢地解释说："我的车已经行驶了四千英里，我前前后后见过几十位客户，而我最终还是在原地踏步。我的结论是，那句古谚语'你可以把马牵到水池边，但你无法按住马头让它喝水'真的是对的。"

对此，她的老板说了一句非常睿智的话："玛丽亚，没人让你迫使它喝水。你需要做的只是让它觉得口渴。"

吃午饭时，玛丽亚和我讨论了她该如何在不动产领域运用劝说的五大原则和3R法则（撤退、重新评估、再次接洽）。现在，提问和讲故事已经成了她推销的主要法宝。她会用"这儿的邻里环境是不是很棒"代替原本的"我很喜欢这里的环境"；她会问客户："谁用这个房间，迪娜还是多萝莉丝？"而不是直白地回答："我觉得这是个小房间。"她向现在或过去的住客了解他们在这个房子里留下的最美好的回忆，这样她就能为客户提供个性化的服务。接下来的事情我不说大家也能想到，她的房产销售事业获得了极大的成功，因为她不是迫使客户去喝水，而是让他们感觉口渴。

劝说的五大原则行动方案

你的孩子们正在举行他们的夏日游泳池聚会，精力充沛的孩子们已经玩得忘乎所以。你跟他们说过多次不要再喧闹打斗，可是他们依旧我行我素。你该如何劝说他们冷静下来呢？

失败的话	可用的话
你冲他们大喊大叫，警告他们你的耐心是有限的。 “你们要是再不停止打闹，我就把所有人都赶出去，宣告聚会结束！”	你想了想你该怎么说才能让自己的话更有说服力。 “我该怎么让他们明白这会让他们受益呢？”
你告诉自己这根本就是浪费时间。 “他们不会听我的。他们已经玩疯了，根本就不会想听《匈奴王阿提拉》。”	你说服自己这样做很重要而且具有可行性。 “孩子们，快过来坐在桌子旁，看着我，我要和你们说点很重要的事。”
你掌握控制权，告诉他们你想要他们做什么，以及你为什么想要他们冷静下来。 “你们会受伤的。我竭尽所能想举办一个完美的聚会，可一切全被你们毁了。”	你给他们讲了一个故事，让他们明白为何安静下来才是他们的最佳选择。 “你们知道凯文去年的遭遇吗？当时他正跑着，结果滑倒了……”
你喋喋不休地向他们灌输为何安全如此重要。 “现在，别让我再说第二遍了。你们听到了吗？”	你问他们是否明白并同意你的观点。 “好了，如果你们还想游泳，先告诉我游泳池的规矩是什么。”

第二十六章

摆脱恶霸

即使是友善的狗也能找到咆哮的理由。

——舌功学

如果你尝试了所有这些技巧却发现它们统统不管用怎么办？那很有可能是因为你面对的是一个“恶霸”，这种人深谙此道，故意恃强凌弱。

避免与这种刻意虐待他人的恶霸打交道自然是上上之策。《圣经》中的“箴言”建议世人：“远离愤怒、易怒的人，以免近墨者黑，危及你的灵魂。”在现实生活中，要想实现这一点似乎有点不可能。如果你的工作、生活中需要与这种恶霸——故意侵占他人权利来达到操纵或控制他人的目的——打交道，这一章就是专为你而写的。

无辜，还是蓄意？

所有的残忍都源于铁石心肠和软弱。

——圣利嘉

舌功学中避免跟恶霸打交道的技巧适用于绝大多数人。我相信 90% 的执拗行为都是环境造成的，是让这个人不高兴的事件带来的副产品。

如果你能敏锐感知其情绪，有技巧地沟通，你通常都可以与之和睦共处，友善地解决问题。剩下 10% 的过激行为基本都是蓄意为之，绝非无辜。面对这些人需要特别的沟通技巧，因为他们的行为通常都不符合逻辑，且毫无理智。

面对一个陌生人，你如何才能分辨其究竟是一个习惯性粗鲁冷酷的人，还是仅仅因为沮丧？你也许能够感知得到。有些人看起来似乎很不讨人喜欢，可是你能够看得出来他们的确是遇到了一些事情，从而陷入消极情绪当中，而你恰好很不幸地撞到了枪口上。对于这些人，你会油然生出一些本能的人类反应。兴许，你能抚慰他们的情感，缓和下来气氛。

另一方面，恶霸可能会和你纠缠不休直到达到他们的目的为止。你会感觉到从他们身上散发出来的恶意，你的本能会告诉你，他们正有意贬低你从而达到凌驾于你之上的目的。他们会为你的挣扎和难受而感到欣喜，并变本加厉地折磨你。

他们的行为是深思熟虑的结果，并且 / 或是危险的？

要让他人折服于你的权威并非易事，除非你能以某种显而易见的方式让下属备受折磨。

——马克思 · 雷丁

我们将会在接下来的小节中讨论如何应付恶霸。首先，我们需要谈谈如何应对这 10% 难相处的有病态心理的人。这些人肆无忌惮地按照自己的方式凌辱他人，全然不顾后果。他们竭力欺压他人，丝毫不顾及同伴的感受。这一类人也包括有实际滥用药物行为的人以及精神异常的人。一些显著特征会告诉你对方是滥用药物者：放大的瞳孔、呆滞的目光或快速翻滚的眼球、衣冠不整的外表、极度失调的行为以及含混不清或毫无意义的话语。

不要和具备这些指征的人纠缠。当你排队玩疯狂大脚赛车的时候，一个恶棍突然插队冲到你前面，这时，你要问问自己是否值得以伤害自身健康为代价与其周旋。当你走在堆满积雪的人行道上时，一群孩子突然冲你丢肮脏的雪球，这时你要问问自己是否应该以危害自己安全为代价来叫停对方。当有人把车停在你等待已久的停车位上并以挑衅的方式向你打招呼时，你该问问自己追上去与其理论是否理智及安全。

在今天这样一个充斥着暴力的世界当中，来自陌生人的身体伤害和攻击往往防不胜防，采用息事宁人的和平主义者态度面对并非懦弱无能，而是明智之举。牺牲骄傲总比牺牲生命要好。通过选择你的战斗，你就能透彻地看待这些事件，从而意识到有人插队或抢占你的停车位并不会夺走你的幸福和快乐。

让恶霸为其行为负责

我们教授我们所接受的一切。

——无名氏

如果你和一个做恶事成性的人生活在一起，我建议你赶紧去买一本帕特丽夏·埃文斯的《语言虐待中的关系：如何识别它及如何回应》。正如埃文斯在书中指出的：

> 语言虐待是一种控制他人的方式。这种攻击不会留下任何身体伤害的证据，然而它带来的痛苦并不亚于身体伤害。为了实现其统治需求……这类恶霸全盘否定他人的感知、体验、价值、成就以及各项计

划，如此才能宣告其现实存在无效。语言虐待可以很模糊，很细微，甚至不可预知……然而它的阴险之处就在于受害者通常都会被洗脑，精神受到制约且内心十分困惑，丝毫意识不到自身苦难的严重性。

她在书中为你提供了实际的行动步骤，使你能够设立底线，保护自身权益，从而使你从此不再接受及允许任何形式的毁谤或语言轻视。

你 VS 我

向后倾倒过度会让你摔得颜面全无。

——詹姆斯·瑟伯

行为心理学家发现绝大多数恶霸行为的恶劣程度取决于旁人的容忍度。他们不为自己的行为负责——其他人则必须为此负责。如何才能让这类凶悍的人为自己充满伤害的行为负责呢？使用人称代词“你”。多数坚定自信的专家强调，表达你的情感时使用人称代词“我”是非常重要的，当然这也是正确的。你可以这样说，“我不喜欢你用这种语气和我说话”，或“你忘了我们的约会让我很失望”。寻常情况下，让你为自己的情绪负责，不指责他人的做法是正确且合适的。

不幸的是，“我”陈述的方式对恶霸无效。如果你说“我不喜欢你对待我的方式”，他们会反击：“那是你的问题。”他们的态度是：“如果你不喜欢这种语气……别的语气都更严厉！”或者他们会采取更富侵略性的进攻行为，旨在使你退缩示弱：“别拿我们的约会小题大做，没什么大不了的。”

与“我”不同的是，用“你”来表达你的需求可以使他们必须对自己的行为做出回答。譬如：“你和我说话时需要尊重我。”或：“从现在开始，如果你打算取消我们的约会，你需要打电话告诉我。”

内化 VS 发起行动

我的问题之一就在于我将一切都藏在心底。我无法表达愤怒。于是，我身体里长了一个肿瘤。

——伍迪·艾伦

多年来关于这一话题的研究、演讲以及写作使我学习到的最重要的一点就是发起行动而非自我消化。几乎每次我参加的研讨班上都会有人在休息时找到我，告诉我他受到了虐待。对于这些富有同情心且凭良心做事的人，我总是充满了同情，因为他们通常都会天真地付出自己最好的，却只换来一个被某些寡廉鲜耻的人粗暴对待或利用的结果。他们因为不公正而受到伤害，同时也因为受到某人如此恶劣的对待而愤怒。这些人通常都相信只要他们足够勤奋努力，他们的忠诚、贡献或善意终将获得认可和奖励。

这些心理虐待的受害者都有一个共同点——他们大多数人都会将自己的焦虑内化，而不是发起行动。当问及他们是否就这一情况与其压迫者谈过的时候，我得到的答案大都是否定的。他们都害怕任何坚持自身立场的行为会招致恶霸更加猛烈的反扑。

我建议他们开始使用“你”这个词语。刚开始的时候听起来可能会有些不对劲，但这是唯一能引起恶霸注意的方法。他们需要做的不是检查自身错误，而是将行为责任归还其所有者——恶霸。例如，他们需要把听起来像发牢骚的话语“我要做的太多了，我永远都跟不上进度”（这只会引出一句无情的“你就只能保持慢一拍的节奏了”）转变成“今天的项目工作量超出了能够完成的范围，哪些是你认为需要优先完成的？哪些可以等到明天再做？”

与其软弱地说一句“我觉得巴里这次升职并不公平”——这只会引来一句“谁说生活是公平的了？”——你不如说：“半年前你曾答应要给我升职，现在需要兑现你的承诺了。”你不要说“我觉得你午休时间过长，让我帮你弥补工作进度是不对的”，而应该理直气壮地告诉对方：“你需要按时回来工作，这样你就不会错过你一点的预约了。”

憎恨是不健康的

和未加抑制的癌症一样，憎恨会侵蚀人格，并且一点点吞噬其最关键的完整性。

——马丁·路德·金

憎恨虐待者没有任何好处。正如莉莉·汤姆林说过的那样：“作为鼠辈的问题就在于即便你赢了你也依然还是一只小老鼠。”你要为自己的健康、幸福和思想的宁静负责，不要让一只老鼠将你拖入它的行列。按照我们之前讨论过的“选择你的战斗”的标准和自己好好谈一谈，从而决定与给你带来苦恼的人对峙是否乃谨慎之举。

我的一个朋友莱斯被指派到了一个检查团，率领这个团队的是一个易怒急躁的海军上将。莱斯对大多数前辈都充满敬意，并且将他们当成正直的典范，可是这个心胸狭窄的男人因为喜欢用言辞激烈的长篇大论斥责下属早已声名狼藉。莱斯将要和这个魔鬼一样的人共事几周，他也知道自己必须决定是否要接受此人的语言虐待。事到临头，是否值得为了“接纳他”而放弃在部队里从事了二十七年的职业呢？莱斯认真思考过结果后做出了自己的决定。

做简介的日子到了。莱斯走进这名海军上将的私人办公室，介绍过自己后，他摆好了自己的图表，开始陈述。第一点还没讲完，就被那名长官用挑逗性的语言打断了，随后就开始肆无忌惮地向他发起进攻。莱斯转身离开自己的画架，面朝这名长官，语气坚决地说："长官，如果你对这次简介有任何问题，或对此次检查有任何建设性的提议，我都洗耳恭听。你……不……能……骂……我！"之后，他按照预定的程序完成了自己的陈述，再也没有被打断。

现在，正如著名的电台主持人保罗·哈维所说的，你可能会想知道"故事的结果"。那个做简介的名叫莱斯的男人就是我的丈夫。这件事过去几个月后，一天，我们去一个室外的露天圆形剧场听音乐会。就在我们排队等待入场的时候，一个男人走了过来，他特意走到我跟前，态度生硬且粗暴地对我说："你找了个好男人。"我完全不认识这个人，不过我点头说："你说得对。我是他粉丝俱乐部的主席。"那个男人显然不满意我的回答。他又走近了些，大声说："我说的是，你找了一个好男人！"说完，他掉头就走了。

我转过头，正好看到一脸惊讶的莱斯。"那个人是谁？"我问他。"他就是那位海军上将。"他带着一脸难以置信的神情回答道。

恶霸只尊重那些说"够了"的人

有时候别人对待我们的方式并不是由他们的行为方式决定，而是取决于我们自己的行为方式。

——舌功学

恶霸们会不断施压逼迫你采取措施。他们会试探别人的为人。虽然有违常理，但事实就是：他们只尊重那些对他们说"你别想在我这儿得逞"的人。

对于恶霸而言，沉默等同于接受。容忍，不反抗——期待语言虐待者会醒悟，看到自己行为方式的错误之处，然后道歉并带着尊重与你相处——完全是天真的想法。企图唤醒恶霸内心善意的做法几乎无效；也许，他心中根本就没有一丝善意。

尽管这与你和大多数人交往的原则相悖，但当你与不可理喻的虐待者相处时，有时候，进攻就是最好的自我防卫。

每次我说完莱斯的故事后，总会有人走到我身边对我说，“我的同事里就有那种人”或“我和这样的人结婚了”。每个人最后都会说他们已经受够了苦楚，决定不再忍受下去。当他们对那个虐待自己的人发出最后通牒或警告后，侮辱即刻停止。这样的结果让所有人都震惊了，终止让他们忍受了数月甚至数年之久的语言暴力原来竟可以如此“简单”。有人甚至反馈说原本欺压他们的人还对他们表示出了一点点尊敬，并向其他人吹嘘：“那个——，她就不接受任何废话。”

参加研讨班的人有时候还会抱怨自己无力改变不公平的工作环境，因为虐待他们的人掌控了他们的职业道路，反抗会让他们丢掉工作。通常，我喜欢和他们分享一个秘书的故事。在上班的第一天，她的老板就怒气冲冲地冲进办公室，为了一点鸡毛蒜皮的小事对她大吼。她打起精神，用手指着办公室的门让他出去，并且说道：“从没有人这样和我说话。”她说，他顺从地离开了她的办公室。在之后二十五年的工作生涯当中，他对她一直彬彬有礼。

总而言之，我并不想将恶霸造成的伤害最小化，而我当然也不是想暗示你们所有与语言虐待者对峙的结果都会像莱斯或那名秘书那样。我想说的是，在面对困境时你可以选择。你可以考虑风险，为自己争取权益，设置界限，采取行动，从而获得你想要且是你应得的正确的对待方式，而不是逆来顺受，默默地忍受虐待，承担苦痛。

摆脱恶霸的行动方案

当你还是孩子的时候，你哥哥就经常奚落、讽刺你，成年后他依旧保持着这个坏习惯。他经常当着其他人的面贬低你。你从未勇敢地面对并反抗过他，因为他一直恐吓你，而你也不想领教他的那些手段。可是，你真的已经受够了。这时，你该怎么做？

失败的话	可用的话
下一次他毁谤你的时候，你决定反唇相讥。 “一直以来，你总是对我挑三拣四，我已经厌倦并受够了这一切。”	在与他对峙前，你先选择自己的战斗，从而可以评估对峙的后果。 “这并非小事，他一贯如此，而且是蓄意为之。”
你使用“我”来陈述，结果显得软弱无力，听起来更像是发牢骚。 “从五岁开始，一直以来，我都不得不忍受你对我说的那些过分而可怕的话。”	你使用“你”来陈述，让他对他做出的无法令人接受的行为负责。 “你需要尊重我，从今天开始。”
你告诉他你不想他这样做，以及他的行为给你带来的感受，却只换来他对你的嘲笑。 “我讨厌你不把我当回事的做法。我想让你知道这对我的伤害太大了。”	你告诉他，你不会再容忍他的这种行为。你强调从现在开始你想得到的对待方式。 “你可以把那些否定的话留给你自己，不然这个家就不再欢迎你。”

第二十七章

和人们重新开始

君子坦荡荡，小人长戚戚。

——孔子

你想知道如何放下憎恨吗？

这个想法来自于我八岁大的儿子安德鲁，几年前他曾制造了一个相当严重的问题，因为他把我家客厅的墙壁变成了一幅壁画。当面壁思过时间结束后，他走到我面前，脚趾头在地毯上反复地画圆圈。我能看得出来他想确定我已经原谅了他，并且依然爱他。最后，他抬起头，用一种讨喜的口吻问道："妈妈，我们能……重新开始吗？"这几个简单的文字后来变成了我家的一项传统——也许，它们也能成为你的传统。

当你和人们一起生活、工作，事情就可能会出错。人们会失去耐性，会说一些他们事后回想起来希望自己从不曾说过的话，还会暴跳如雷，也会有不愉快的时光。除非你使用一种语言工具关闭这些矛盾，将它们遗忘，不然这些可怕的历史就会一直缠绕着你。你最终就会沉溺于几周、几个月甚至几年前发生的事情。正如作家大卫·威斯科特说过的那句言简意赅的话："伤害沉淀，变成愤怒。"这些不满、委屈日积月累，终将替代你原本应当给予此人的情感或尊敬，从而导致无尽的怨恨。

合上矛盾这本书

我期待走过一段自如人生，一次就好。这样，如果我能表现出任何善意，或是为我的同伴做任何一件好的事情，就让我现在去做吧，不要迟疑或忽视它，因为我将不会再次走过这段人生路。

——威廉·佩恩

为了你自己和你所爱的人的健康，请赶在怨恨将你埋葬前彻底摆脱它们。将过去擦干净，给人们一个全新开始的机会。

在安德鲁展开他的艺术探险几个星期之后，我需要清早就离开家，搭乘飞机从毛伊岛飞往檀香山。我去叫两个孩子，告诉他们该走了，却没得到任何回应。我走到外面去找，结果发现他们在院子里和邻居家的狗玩得正开心。他们不能带着满身狗毛和草灰去上学，所以我催促他们进屋去换衣服，同时焦急地看表。

就在我倒车的时候，汤姆突然大叫："我忘了我的双肩包！"当他冲进屋里取背包的时候，我们已经晚了。我像一个疯子一样把车开得飞快，因为我实在承担不起错过飞机的成本。我把车开进学校的车道，一脚猛踩刹车，"砰"地一声拉开车门。两个孩子刚从车里跳下来，我就一脚油门，汽车呼啸而去。最终，我在起飞前几秒匆匆登上了飞机。

当天晚上，在回去的飞机上，我乘坐的轻型机飞进了一团风暴云，我们在空中剧烈地颠簸着。我不知道自己此次飞行是否能幸运地落地，我能够想到的只有一个事实，那就是我留给儿子们的最后记忆是一个紧张、焦躁的妈妈，正如我早晨的表现。

和许多曾游走于生死边缘的人一样，我体会到了一种顿悟（一种突如其来的对于某件事情的本质或意义的感悟），并和上帝达成了一项契约。我发誓如果我们能够平安落地，我再也不会在家人分别时表现得如此仓促。我永远不会想当然地以为还会有下一次。我会让每次离别都充满爱和关心，而不是匆忙狼狈地道别。不消说，我们安全着陆，而这次与死神擦肩而过的经历也从此改写了我家的道别方式。

你是否也曾经以缺乏爱的方式和亲近的人道别？你是否也曾发誓说决不道歉因为这全是“他”的错？你是否也曾因为愚蠢的骄傲没有再次走近那个人？你是否也曾试探性地拿起电话想打给他，而最终还是放下了话筒因为他那些残忍的言行让你无法原谅？

延迟的怨恨

骄傲在败坏以先，狂心在跌倒之前。

——《圣经》箴言

在你心中某处，是不是以为总有一天你们会和好如初？假如被剥夺了这个机会，你该怎么办？假如在此期间你或另一个人发生了一些事情，因此再也没有机会去弥补，你该怎么办？

塞缪尔·巴特勒的建议是：“时常维护你的友谊。”舌功学理念中有一部分就是告诉人们珍惜自己的人际关系，逐步修补那些现在有裂纹的关系，而不是等将来某天再说。不要等待或指望永远不会发生的未来某天的团圆。亨利·大卫·梭罗的临终遗言就是“我毫无遗憾地离开这个世界”，你也能说出同样的话吗？如果你因为某些误会而与他人陷入僵局，不妨越过你追求正确的需求，既往不咎。

让世界成为你想要的模样

如果你看到一个问题，那是你的问题。如果你认为有人应该为此做点什么，请记住，你和任何人一样，都可以成为那个人。

——禅宗义理

你心里是否在想“可他们才是惹事的一方”？扪心自问，你究竟是想保存颜面，还是想挽救友谊？马丁·路德·金曾给出睿智的建议，“‘以牙还牙’的旧规则只会让所有人都成为仇人”。收起你的骄傲，去做第一个伸出橄榄枝的人。给大多数人带来麻烦的正是我们的脾气，而骄傲则是让脾气驻足的帮凶。

“一个人性格的最终定型，”安妮·弗兰克相信，“取决于他自己。”请选择让自己成为一个感恩的人，而不是一个怀恨在心的人。你可以说：“让我们别再去想发生了什么和为什么会这样吧，我就是想让我们再次成为（好姐妹、兄弟、朋友）。我们能重新开始吗？”

一名参加我的研讨班的学员告诉我，这个理念帮助她与十年来都没交谈过的两个姐姐和好如初。她的故事听起来很耳熟。“我们的父母没有留下遗嘱。我的两个姐姐为了谁当遗嘱执行人和谁该得到什么争吵不休。我本不想被牵扯进去，可是她们宣布要卖掉爸爸妈妈的屋子。我不能允许她们这样做，因为我们一家在那里面生活了整整四十年。最终，我们各自聘请了一名律师来保护自己的利益。我们用了两年的时间才完成房产的分配。到了最后，我们姐妹间的沟通全都通过律师完成。”

“你在飞机上遇险，内心为了是否能再次见到孩子而焦虑、担忧的故事使我突然意识到我们正在冒险，假如类似的事情发生在我们任何一个人身上，而我们之间的隔阂尚未消除，那情况将会如何？我意识到长久以来遗产分配这件事竟使我们变得如此小气。研讨班结束当天晚上，我就给两个姐姐打了电话，表明身份后我对她们说‘别挂电话’。我问她们是否能既往不咎，重新成为彼此的家人。多亏了你的故事，现在我们正在重新建立被抛弃了多年的家庭纽带。”

保持不后悔的关系

那些因为我们曾经做过的事情而生出的懊悔会随着时间的推移而黯淡；只有那些为了我们不曾做过的事情而生出的悔恨才会令我们伤心欲绝，无以慰藉。

——悉尼·J·哈里斯

你最近是否和亲人或亲近的朋友有过口舌之争？或者你最近实在太忙，导致根本没时间与他们一起吃一顿约定已久的午餐或是晚上一起出去散散步。不要等待。

就在我写这一章的时候，我父亲去世了。

在我开始写这章的几周之前，我们一家人在加州重聚。多年来第一次，我父亲的所有孩子和孙辈们齐聚一堂，热热闹闹地过了一个圣诞节。我清楚地记得他坐在地板上，儿孙绕膝，高兴地扮演圣诞老人分发礼物的样子。那些家人们团聚的日子真的就是最好的礼物。我们滑着独木舟在莫洛湾探险，骑马跨越一个又一个的沙丘，还进行了我们家传统的散步、聊天。作为一个骄傲的一家之长，我父亲在他深爱的家人的陪伴下，在自己家中享受着快乐。

当我们回到夏威夷后，我曾向自己保证一定会写封信给爸爸，告诉他，我们度过了一段多么特别的时光。我要确保让他知道我们有多感谢他所做的一切，是他让那些日子变得如此快乐而有意义。这个念头不止一次出现在脑海里，可我总是有这样那样的事情要做。结果，那封感谢信我始终没有动笔。

之后，我就接到了父亲去世的电话。为了追悼他，我沿着海滩独自走了一段很长很长的路。我回想了我对他早年的记忆，并在脑海中回顾了他的一生，想起他曾为我做过的和想为我做的一切，我心中不觉一暖。我在心中向他发出了那封感谢信。

你生活中是否有人值得你对他说声谢谢？又有哪些关系需要你去修补？“和解最终必须从底层做起。”M·斯科特·佩克建议我们，“和解从你开始。”别再拖延。现在，花五分钟的时间，拿起电话，重新联系一个朋友；或是坐下来，写下那张迟迟没能兑现的感谢卡。你不会后悔自己做了这些，你只会后悔自己当初没这样做。

和人们重新开始的行动方案

你最好的朋友搬进了一间新公寓，向你借你刚买的新车。你答应周末借给她让她搬东西。结果她忘记锁车，车被偷了。她有保险而且对此非常抱歉，可是准备文件和警察报告需要花好几周的时间，完成后才能拿到新车。现在，你该如何处理这件事？

失败的话	可用的话
你不掩饰自己的愤怒，并且让她清楚地知道你的感受。 “我简直不敢相信你竟会如此粗心。你怎么会蠢到不锁车就离开呢？”	你在说出愤怒的话语前及时刹车，从而没有说出让你将来后悔的话。 “事情是怎么发生的？”
你专注于这个“不可原谅的”错误以及随之而来带给你的各种麻烦。 “你最好给你的保险公司打电话，因为你要为此负责。我的报价可不会因为你的疏忽就下降。”	你意识到她已经为这件事感到异常苦恼，如果可以她也不想发生这种事情。 “如何来弥补这一切呢？我现在关心的是那些需要填写的文件以及报价会因此上升。”

续表

你拒绝接受她的道歉。 “对于明天早上要开车上班的我而言，道歉有用吗？我真希望从没把车借给你。”	你明白这一切将会带来诸多不便，不过这真的是她的无心之失。 “如果你能处理好此事并吸取教训，我们可以把它忘了。对我而言，我们的友谊比车更重要。”

第二十八章

掌控你的情绪

在没得到我们认同前，没有人能让我们感到自卑。

——埃莉诺·罗斯福

你也许会疑惑：“当某人对我做了如此恶劣的事情后，我又怎么能够把这一切从脑海中清除呢？”

我永远都不会忘记第一次在一个研讨会上用头顶的射灯展示埃莉诺·罗斯福这句话时的情景。我还对她这句话稍做了改动：“在没得到我们认同前，没有人能让我们感到愤怒。”

一位与会者立刻表示反对：“你根本不知道我和什么样的人共事。你的意思是说当有人冲着我大喊大叫的时候，我却不能因此而生气？”

谁让你愤怒

控制你的情绪，不然它们就会控制你。

——中国谚语

同一次研讨会上，另一位女性与会者发表了她的观点：“我同意罗斯福的这句话，因为我深有体会。我是一名外科护士。和我一起工作的那名神经外科医生是我见过的最不懂体谅他人的人。他是一名出色的医生，可是他有一种拘禁人的技能。”

“去年，我做他的手术助理。他要手术刀，我递给他时晚了大概零点几秒钟。他立刻当着其他医疗同事的面大声斥责我，还对我冷嘲热讽。当时的我羞愧难当，唯一能够做的就是保持自己的专业性，而不是赌气冲出手术室。”

“那天晚些时候，我在开车回家的路上回想起他对我说过的那些话。当我到家时，我已经愤怒至极。我开始做晚餐，重重地摔上冰箱门，报复性地疯狂地切蔬菜。我坐在餐桌前，开始向我的丈夫拉里诉说这一切。重新回顾发生的一幕进一步激怒了我，最后，我爆发性地大叫：‘那个医生简直把我逼疯了！’”

“我丈夫之前对他的行为也有所耳闻。他安静地问我：‘朱迪，现在几点了？’我望着他，不知道他什么意思，回答说：‘七点。’他又问：‘这件事是几点发生的？’‘早晨九点。’我回答，心中依然疑惑不已。”

“我丈夫非常睿智地指出：‘朱迪，逼疯你的真的是那个医生吗？’然后就站起来，离开了房间。”

“我坐在那里，思考这一切，突然意识到把我逼疯的不是那个医生。那个医生当时根本就不在这里！开车把他带回家的人是我；邀请他进家门，并给他在餐桌旁安排座位的那个人也是我。坐在那里，让自己陷在十小时前发生的事情里无法自拔的人还是我自己。”

“那天晚上，我决定再也不允许那名外科医生在我的个人生活中设置牢笼。从那天开始，我要把他留在医院。我不能让他毁了我在家中值得珍惜的美好时光。”

谁是敌人?

对情感不加控制就像是坐在一艘没有舵手的船上航行，遇上的第一块岩石就能把船撞得粉碎。

——圣雄甘地

你把谁带回了家？你为谁在餐桌旁安排了座位？是那个吹毛求疵，永远只看到你的错误却看不到你的成就的老板？还是那个态度恶劣，不合作的同事？或是那个因为你的树长过了庭院边界而愤怒的邻居？

按照萨莉·肯普顿的说法："与一个在你脑海中设防的敌人作战是非常困难的事情。"发誓别让难相处的人进入你的头脑和你的家，在那里，他们将会拥有摧毁你平静思想的强大能量。从今天开始，对自己的情绪负责，而不是将你内心的平静拱手相让给一个蓄意虐待他人的魔头。

查尔斯·达尔文说："道德文化的最高境界就是我们意识到应该控制自己的思想。"当你可以选择专注于生活中其他更加轻松的片段和欢乐时光时，为什么还要执迷于令你愤怒的个别事件或人呢?

心理学家反复告诫人们，你会成为你想成为的人，或者正如奥特加·伊·加赛特所说："告诉我你关注什么，我就能告诉你你是谁。"如果你对生活中激起你怨恨的人念念不忘，你就会变成一个心怀怨恨的人。

给自己一个平静的保护罩

尊重自己的人不会受到他人伤害——他穿着一件他人无法刺穿的盔甲。

——亨利·华兹华斯·朗费罗

一名年轻的女性主动发言："我的老板和那个神经外科医生是一种人。读大学的时候，我在一家工厂找到了一份暑期工。为了让我们的生活苦不堪言，我们楼层的主管简直就是竭尽所能。她会用世上最刻薄的话语来打击我们，如果我们抗议，她又会装出一副无辜的样子，对我们说：‘你难道不能把这当成笑话吗？’或是：‘我和你开玩笑呢。’”

“过去，无论我到哪儿，我都会带着那个女人。我握着她的手去见朋友、同事以及任何愿意聆听的人。在我休息的日子里，她也陪伴在我身边，甚至就连周末我俩也形影不离。现在，我明白了让我痛苦的不是她——是我给自己和身边所有的人带来了痛苦。我就像动画片《史努比》中的那个卡通人物，无论他走到哪儿都头顶一片乌云——只不过我带着一块让我愤怒恶心的云。”

“父亲告诉我，我也许得尽早明白期望自己喜欢共事的每一个人是不现实的。他问我，对于她的这种行为我是否能做点什么，我告诉他看起来不太可能。和我一起当班的好几个同事已经向上级投诉过了，可是没有人相信，因为我们都只是临时工。他告诉我是时候该放下或闭嘴了——这恰好是选择你的战斗的另一种方法。我意识到自己不可能改变她的行为。公司选择保护她因为她资历老。我也不想放弃这份工作因为我需要钱来交学费。所以我决定改变自己。”

“无论何时，只要和她在一起，我就会套上一种我称之为‘平静防护罩’的东西。无论她说什么或做什么，防护罩都会将其反弹回去，而我不会受到任何伤害。这个全心远离残酷的她、尽心做好自己工作的决定帮助我最大限度地利用了那个暑假，而不是四处埋怨。”

浪费时间 VS 享受时间

你热爱生活吗？那就别浪费时间，因为生活是由时间组成的。

——本杰明·富兰克林

一名曾参加过我的研讨班名叫阿尔的学员写信告诉我们，他是如何将这一理念付诸行动的。“过去，我和妻子常常会把我们高强度、高压力的工作带回家。你的研讨班帮我意识到我们根本没有享受过夜晚的时光，因为我们只做了一件事：抱怨工作。我们决定利用修改过的埃莉诺·罗斯福的理念来把我们的家变成天堂。”

“回家后，我们俩有十五分钟的时间来谈论今天过得如何。这就是全部。之后，不再带着怨恨埋怨谁对谁做了什么。每天，我们俩有十二个小时是在办公室和路上度过的。这已经足够了。为什么要让精神痛苦延续下去呢？我们还有更多有趣的事情可以谈论。现在，自从我们对夜晚时光进行改造后，我们每天都很期待夜晚那一刻的到来。”

宁静是一项内在工作

大多数人的快乐程度都取决于他们自己。

——亚伯拉罕·林肯

林肯先生的这句话可以这样理解：大多数人不开心全都是他们自己决心如此。

我永远都会对一名网球教练心存感激，因为是他让我看到了这条简单的哲理。当时我们队刚刚结束一场比赛，正坐着校车回学校。那场比赛我们输得很惨。我的队友们在车上由谈论对手变态的战术一直讲到了各种战争故事。我们的对手为了打败我们几乎无所不用：拖延时间，当球明明在线内的时候大叫出线，在关键赛点大声交谈。

突然，我们的教练驾车离开了高速路，驶进了一个休息区。停车后，他以一种毫不迟疑且不容拒绝的方式让我们下车。她拿来一条长凳，让我们坐下：“在过去的一个小时里，我一直在听你们唉声叹气，我已经听够了。不要再为了发生在你们身上的事情怨天尤人。是的，对手使用了不公平的首发……生活就是如此。你们可以继续发牢骚，让自己看起来像个大笨蛋，或者你们也可以由此成长，表现得像一个冠军。”

“从现在开始，无论你们的对手做过什么，我要你们做到始终能为自己的行为感到骄傲。那些对手无法吓坏你们，除非得到你们的允许。你们输了，但只不过是他们在他们的水平上打败了你们。现在，回到车上，我只想听你们说一件事，那就是你们打算如何赢得下一场比赛，并且赢得公平漂亮。”

“问题就在于，”心理学家B·F·斯金纳说，“控制我们的究竟是事故、暴君，还是我们自己？”停止赋予事故和暴君以能量，使其无法再让你感到悲伤，也不要在出了问题时责备其他人或埋怨生活。

看到这儿，你是不是在想“说起来容易，做起来难”？你是对的。这一直并将永远都是人类遇到的永恒的挑战之一。也正因为如此，我才会在第二十九章里从历史上一些伟大的思想家着手，深入而广泛地探讨各种调整态度的哲理。通过接受他们睿智的理念，或是通过琢磨自己的人生哲学，你将会在面对生活不公时表现得更好、更优雅，而不是只会一味地发牢骚。

掌控你的情绪的行动方案

你的女朋友提出分手。你无法相信在约会两年之后，她竟然可以彻底抛弃你们曾拥有的一切。你一直在想到底是哪儿出了问题，为什么你没能早点看出端倪。你无法放下女友离开你的事实，而你的自尊也几乎荡然无存。你该怎么办？

失败的话	可用的话
你允许自己沉迷于发生的事情以及她给你带来的痛苦中无法自拔。 “她所说的一切就是她的真实想法吗？难道这一切都是谎言？我太难过了。”	你告诉自己你掌控你的情感。她无法让你感到悲伤，除非得到你的允许。 “我将会关注我的世界中依旧正常的一切，而不是那些出问题的方面。”
你一心想着自己有多么想念她，没有她你的生活是多么的空虚。 “周五晚上我该做点什么？过去，我们通常会去一些很特别的地方。她怎么能这样对我？”	你选择去想生活中更有建设性的方面。 “我要给大学室友打电话，问他是否想聚聚。我们在一起的时候通常都很开心。”
你继续对这段恋情念念不忘，结果发现自己内心的孤立感越来越严重。 “今天本来是我们的纪念日。我真想知道她现在在做什么？”	你决定用更积极的活动来填满自己的思想和生活。 “我很健康，有一份不错的工作，而且还拥有随心所欲的自由，这让我感到很高兴。”

第二十九章

保持一种积极的视角

我们最伟大的自由就是我们能够自由选择自己的态度。

——维克多·弗兰克

当事情没有按照你的方式进展时，你会对自己说些什么？

很多年前，我曾受聘为一个国家组织进行培训。因为长期人手不足，这个部门的员工一直劳累过度。该部门的主管告诉我，有些表格的纪录和归档本该一年半前就完成，可至今依旧没有开工。每个工作日，几十名市民赶在他们办公室开门前数小时就拿着各种文件在外面排队等候。我问这位主管，面对如此令人沮丧的工作状况她是如何坚持下来的。她回答说："你得有自己的人生观！"

聪明的女人！从与这位专注的主管的见面中获得乐趣之后，我就喜欢问人们："你的人生观是什么？"因为我了解到这正是人们体验生活的关键。弗里德里希·尼采说："一个知道为何生存的人能够承受几乎任何生存方式。"你为何生存？你尤其需要一个人生观来帮助你积极地应对令人厌烦的人或难堪的情境。重新为你的情感反射进行编程，从而使它们能够支持你而不是暗加破坏。当消极的事情发生时，你富有建设性的人生观就会跳出来，帮助你平静地应对挑战，而不是大光其火。

你的人生观是为你服务，还是给你压力?

最能展现一个人的人生观的不是语言，而是此人做出的选择。从长远来说，我们塑造我们的生活，我们也塑造自己。这一过程永不终止直至我们死亡。我们做的选择最终会成为我们的职责。

——埃莉诺·罗斯福

维克多·弗兰克是大屠杀的幸存者，之后他把自己的经历写进了《人对意义的探寻》这本书中。这本薄薄的小册子最终入选了美国图书馆协会评出的十大最重要著作。在书中，弗兰克总结道：你不可能总是能选择或控制发生在自己身上的事情，你只能选择自己回应它的方式。他没有选择成为集中营里的囚犯，也无法控制发生在自己身上的一切，他只是选择了一种态度去对待那段惨无人道的经历。他没有选择沉溺于怨恨与敌意之中。他决定让生活继续，并且投身于一项能够让身边的人们做出积极改变的事业之中。

每次舌功学的研讨会上，我都会宣扬弗兰克的人生观，因为我认为它是精神健康的生活方式的基石。你不可能总是可以选择发生在自己身上的事情——你可能会在一场车祸中受伤，一场洪水会摧毁你的家园，你可能会失去工作——可是你能选择如何回应。

我的儿子汤姆就曾通过自己的行动以一种惊险但能打动人的方式诠释了这一人生观。为了庆祝小联盟棒球赛季的最后一场比赛，我们一家去当地一间餐馆就餐。就在我的儿子们眉飞色舞地描述场上击球的实况时，餐厅的服务员正好走过来给我续咖啡。这位服务员的脚滑了一下，整个人失去重心，他手中那壶黑色的滚烫液体随即洒在了我们一家人的身上。我立刻发出一声尖叫，因为我真的找不出比那液体更烫的东西。汤姆也跟着发出痛苦的哭喊声，因为热咖啡浸透了他的棒球裤，烫伤了他。

我们飞快地脱下汤姆的衣服，可是来不及了，他的两条腿已经被烫得脱皮，造成了二度烫伤。在坐救护车去医院的路上，汤姆一直在哭："为什么会是我？我没有做任何不该做的事情。为什么会发生这样的事？"在急诊室医生处理他的伤口，为他包扎的过程中，我们能做的只有不断地安慰他。

曼利·哈尔指出："一项原则永远都谈不上有益和重要，直到它被付诸行动。"这恰恰就是汤姆所做的。那件不幸的事故发生第二天，汤姆的弟弟留在家中陪他，没去上学（巨大的牺牲）。一连好几个小时，他一直想方设法地带着汤姆玩游戏，并且耐心地满足汤姆提出的每一项需求。第三天，汤姆收到了一个超级棒的大口袋，里面装满了他的同学们送来的信和画："我们想你。""快点回来。""没有你一点也不好玩。"对于汤姆而言，能够得到来自同龄人的肯定和喜欢无疑是个巨大的惊喜，同时他也因此获得了极大的满足感。正如汤姆对所有愿意聆听的人所说的，他在家休息了两个星期。

幸运的是，汤姆康复后身上没有留下任何疤痕。现在，当他回想起那段经历，他本能地意识到："塞翁失马，焉知非福"。他将会一直带着这一智慧生活下去。

"为什么是我"等同于"我就是悲痛"

生活就像是一场牌局，出牌的手代表决定论，你出牌的方式则是完全自由的。

——贾瓦哈拉尔·尼赫鲁

当事情出了状况，全世界人们的第一反应几乎都是："为什么是我？"如果你继续用愤怒的乞求哀悼自己的命运，"我不该得到这个”“这不公平”，你就会继续觉得自己是一名受害者。你眼中的世界将会变得无比残酷——无辜的人们总是会被坏事打倒。

你可以将“一手臭牌”打得有声有色，而你需要做的就是问问自己：“真善美在哪里？”生活中最重要的洞察力之一就是用你的心和灵魂去理解和认知——正如现在的汤姆——“塞翁失马，焉知非福”这个道理。这并不是说坏事是好的。也许，你置身于没有任何积极面的冷酷绝望的环境之中，可是你同样可以从中收获积极的果实。善与好有时候并不那么明显，能够一眼望知。只要你努力探寻，它就会显现。

在那本内涵深刻的《没有平凡时刻》一书中，作者丹·米尔曼认为，我们面对的事件即我们能够举起的精神重量，最终会让我们变得更加强大。他相信我们的任务就是透过生活中的细枝末节闪耀自我光辉，而不是被它们填满。他说：“在临终前一刻，你的一生将会从你面前闪过。在极其短暂的时刻里——因为那时现实的时间规则已不再适用——你将会看到许多生活事件。你将会有意识地带着两个问题回顾自己的一生：在这些时刻里，我是否还能表现得更勇敢一点呢？我是否还能给予更多的爱？”

多年来，我的观众们贡献出了几十条不一样的人生观，凭借它们的帮助，他们得以靠着自身的勇气和爱妥善应对逆境。面对失望，一名年轻的助理教练会轻松地说一声：“噢，那好吧。”之后，她就会转向其他活动。一名女观众的父母经营着一家熟食店，她说她母亲教导她同情那些粗鲁的顾客（他们的父母没有教会他们懂礼貌，他们岂不是很可怜？）而不是惩罚他们（“我要让他们很久之后才拿到他们的三明治”）。

对许多人而言，支配其行为的方针就是黄金法则。“己所不欲，勿施于人。”苏珊·杰弗斯在她的《感受恐惧，勇敢去做》一书中建议大家：无论何时，只要遇到逆境就反复对自己说“我能应付”。你可以把这句话当成一句座右铭，在面对危险情况时帮助自己冷静下来。这四个字能创造一种自信（“我能”）而不是让你愤世嫉俗（“我不能”）。

安·兰德斯则建议她的读者们：“期待麻烦，把它们当成生活的一部分，然后反复对自己说这几个最让人舒心的字：这也终将过去。”绝望的定义是“彻底失去希望”。当事情出现状况时，人们必须谨记对他们的磨炼只是暂时的，他们完全有足够的理由去希冀更加美好的未来，而不是沉溺于绝望而无法自拔。

透过广角镜头去看逆境

我们可以选择将生活看成是一连串的磨炼和苦难，或者我们也可以选择将生活看成是一个积累财富的过程。

——无名氏

想知道当你感到沮丧无助时如何能立刻获得积极的视角吗？你需要明白：无论何时，一旦觉得自己受困，你通常都会将心中的精神镜头的焦点对准你受到的磨炼和苦难。你会执迷于一个难相处的人或是让人抓狂的环境。此时，只要换一个广角镜头，将其焦点对准生活中顺利的事情，而不是那些出状况的个别事件，你通常都能迅速转变心态，不再执迷于自己经受的残酷考验，而会充满一种很富足的确信。

看到这儿，你是不是在想：“这会不会是听起来美好，做起来却困难重重呢？”你说对了，所以我琢磨出了一个更具体的方法，从而让你的精神广角镜头能够始终聚焦于你积累财富的过程。

见识奇迹

宇宙充满神奇的事情，它们正耐心地等待我们的智慧变得更加敏锐犀利。

——伊登·菲尔伯茨

买一个漂亮的日历，挂在你的厨房里。通过让你的智慧变得更加敏锐，从而发现身边神奇的事情，你就能以此来弥补自己遭受的不公平。下决心坚持每天都写下一件进展顺利的好事。记录下你在早餐时发出的大笑、日出时令人精神为之一振的散步，还有你终于还清的信用卡账单以及你无意中听来的有趣的话、春日的灿烂、一个里程碑式的时刻，又或是一场给你带来无限遐思的电影。只需仅仅十秒，你就能把一天中发生的某件好事记录下来。

正如弗兰克·劳埃德·赖特所说："如果愚蠢地忽视美，你很快就会发现自己缺乏美。你的生活将会变得灰暗。可是，只要聪明地去探寻美，它就会留在你的生活中，陪你度过每一天。"记录下你世界中的美，它真的就会留下来，陪你度过每一天。

在他那部见解深刻的录音带《幸福是一个严肃的问题》中，丹尼斯·普拉格分享了一个令人惊讶的发现。在对这一话题进行了多年的研究之后，他的结论是，只有一件事能让人们感到幸福。你不妨思考一下这个问题。金钱不会让人幸福，名利也不能。你只要看一看《人物》杂志就会知道许多富有的社会名流都是孤独而绝望的。甚至，就连爱和健康也不一定能让人们感到幸福。

感恩的心是能直接带来幸福的唯一决定因素。正如普拉格指出的那样，感恩是一种你可以无视环境而保持的精神状态。假如你不珍惜你所拥有的，即便你拥有了一切也依然痛苦万分。假如欣赏自己所拥有的，哪怕几乎一无所有你也会感到满足。这个道理非常简单明了——你感恩得越多，你就越幸福；你感恩得越少，你就越不幸。

如果花时间在你的评论日历上记录每天的点滴，知道数周乃至数月后你将会得到什么吗？你将会得到：

· 一份你积累财富的手写记录
· 你的世界中所有进展良好的事情的凭证
· 一份真实可视的让你心怀感激的馈赠
· 一份关于你的美好时刻的永恒纪念

特蕾莎修女曾说过这样一番妙语："我知道上帝不会将任何我应付不了的事情交给我。我只是希望他别太信任我就好。"假如生活给了你太多需要处理的事情，你的财富日历能够帮助你聚焦于生活的奇迹，而不是它带来的痛苦。

艰难时刻 VS 欢乐时光

好记性是我们获得幸福的第二次机会。

——**伊丽莎白二世女王**

如果你为人父母，毫无疑问，你已经知道自己无法控制孩子的人生，更无法选择发生在孩子身上的事情。你可以给他们留下快乐的回忆；你也可以创造美好的时光去抵消生活中的艰难时刻。亚里士多德曾睿智地指出："幸福取决于我们自己。"幸福可以由你摆在家中并坚持记录的评论日历来决定，如此一来就有一个无时无刻不在身边的小秘书提醒你收获的美好，以此来抵消生活中的负担。

如果你足够幸运，你的孩子甚至会建议说："让我们晚饭后念一念日历吧。"这样就会有第二次、第三次机会重温你的幸福时光。我们一家最喜爱的一条记录发生在圣诞节。安德鲁撕开包装漂亮的礼物，结果发现了一辆电动卡车，他顿时兴奋地大叫。然而，在花了几分钟的时间也没开动卡车之后，他立刻撇嘴说："它不会动！"他哥哥汤姆耐心地解释："它当然不会动了，你忘了读说明书。"

抵消公司灾难

如果你因为任何外界事物而沮丧，造成痛苦的不是事物本身，而是你对它的评估。无论何时，你都完全有能量消除它带来的痛苦。

——马库斯·奥里利乌斯

如果你在办公室里工作，再买一个日历，把它放在大家都能看到的地方，让同事们轮流负责每天的记录。你们可以记录下公司赢得的合同、你们为上司举办的神秘生日会、顾客的道谢电话以及一项彻底完工的大项目，又或是你们因为服务出色而赢得的嘉奖。

当工作上遇到挫折时，当你们遇到难缠的客户时，当电脑死机时，你们不妨看一眼日历，用曾经赢得的胜利和快乐来战胜眼下对你们耐性的考验。这个日历能够帮助你的工作团队专注于自身成就，而不是那些让你们烦心的事情。它就像是一种平衡力，能够抵消工作世界中每天都会遇到的各种危机。每个月召开员工例会时，你可以拿出日历，提醒员工他们取得的进步和成就，告诉他们：你们是有所作为的，你们的工作非常重要。

保持一种积极视角的行动方案

你开车去银行取钱，结果发现银行停电。银行大门紧闭，自助设备也关闭了。面对如此突发的不便，你做何反应？

失败的话	可用的话
眼前的情况令你心情沮丧。 “我白跑一趟。”	你有自己的人生观，每当出现情况时，它就会跳出来。 “我能处理好这件事。这没什么大不了的。”
你的消极想法继续伤害你。 “这彻底打乱了我今天下午的安排。我该怎么办，等他们修好？”	你的积极想法开始帮助你。 “哦，好吧，也许我可以去别的银行找自助设备从信用卡里取钱。”
你对这一突发状况带来的麻烦念念不忘，开始有些心烦意乱。 “我最讨厌发生这样的事情，就好像我时间有富余一样……”	你把麻烦当成生活的一部分，并意识到这只是暂时的。 “这些终将过去。一年后，我甚至不会记得今天发生的事情。我去办其他的事情好了。”
你将思想镜头聚焦在这件小事上。 “我要向银行投诉！他们为什么不配一台发电机？”	你换了一个广角镜头，立刻获得了不一样的视角。 “看看周围，我的生活依旧光彩明媚。我需要感激的太多了。”

第三十章

用善良杀死他们

让我们更加友善地对待其他人。

——奥尔德斯·赫胥黎临终遗言

你听过这句话吗？“用善良杀死他们。”

我相信这句话是一种矛盾修辞，即一种“矛盾或不和谐的词语组合（残酷的善良）”。友善和杀死的确是矛盾并且不和谐的。

与人们相处时，一种更妥帖的方式就是“用善良杀死他们”，一如本章标题。

无论你的信仰或宗教如何，可能都会有一个用于形容精神的词语。在中国，人们把这种看不见的能量称为气。武术家相信有阳气和阴气，而我们总是能够选择将哪种气排出体内。你体内的气越充沛，你就越不容易受他人负能量的影响。如何才能培养出一种强健的精神，从而使得你能像天行者卢克在《星球大战》中说的那样，成为正义一方而不是黑暗方的力量呢？

你可以将皮格马利翁效应（有时又被称为“自食其果法则”）为你所用，而不是与你作对。这个理念的含义是“付出即所得”。如果你带着怀疑和蔑视（黑暗或阴气）对待其他人，他们就会回敬你同样的对待方式。他们的反应自然会证实你对他们的看法，而这又会使你更加坚定自己的态度，并提供更多的有利证据证明你的观点：这个世界充满敌意……恶性循环由此产生。

相反，带着敬意和尊严（光明或阳气）对待他人，他们很有可能就会用善良来回报你。他们友好的回应将会坚定你相信“世界是一个充满爱的地方”这一信念，从而支持并鼓励你继续这样的行为，良性循环由此开始。

气的十字路口

内心的宁静意味着一种整理内心思想的能力；它意味着在迷惑、困境、矛盾或对立中依旧能够保持内心平静。

——诺曼·文森特·皮尔

如何才能将这一原则应用于日常生活呢？你可以这样做：每当遇到逆境时，你就想象自己站在一个阳气和阴气相交的十字路口。你可以选择阳关大道，也可以踏上羊肠小路。你最多拥有几秒钟的时间来决定选择哪条路。

如果你允许自己的反应是说出卑鄙自私的话，哪怕只言片语，你就已经站在了下坡路上，你说出的话语只会让你在这条路上越走越快。有时候，走这条路会更容易，对你的诱惑也更大。然而，路径很快就会急转直下，你的阴气会裹挟着你，带你一路猛冲，冲向人类灵魂的阴暗面。

假如你能够对发生的事情思考一下或说出一些宽恕仁慈的话语（这时，你脑海中根深蒂固的富有同情心的人生观就会走出来），你就已经做出了更积极的行为，而你的阳气将会使你升华，超越争吵。这条路通常需要你付出更多努力，可当你登上山顶，一览众山小时，眼前的风景绝对值得你之前的攀爬。

理想情况下，立志要拾获宁静的誓言将会阻止人们以不友善的方式对待你。西塞罗曾说：“持续的善意能征服不良居心。”现实情况中，你知道这样的事情不会总是发生在你身上。好消息就是：无论你从善如流的观念是否会影响与你相处的人，你立志要言行不失尊严的个人誓言最终将会回报在自己身上。

库尔特·冯内古特曾写道：“只有在我们的理念充满人性的时候我们才是健康的。”通过选择博爱放弃敌意，你将会收获一种以“不以物喜，不以己悲”为中心的精神状态。宁静的定义是“不受干扰的思想或精神”，只要你选择无论发生什么都坚持扩散正能量，你的思想和精神就能够保持不受干扰的状态。如此一来，你心灵的平静就不再取决于你在哪儿，你和谁在一起，也不由发生了什么所决定——无论你走到哪儿，它都会如影随形。

永恒的善意

从没有任何善举遭到浪费，哪怕它再小。

——伊索

生活似乎故意要考验我，看看我心中保持宁静的信念到底有多坚定。我刚刚结束一场舌功学研讨会，一位绅士走到我身边，对我表达了他心中的赞美之意：“我爱极了那个护士和神经外科医生的故事。第二次听到的感觉甚至比第一次还要好。”

“噢，”我回答说，“你以前参加过我的研讨班？”

“没有。”他回答，“在上个月我们州的会议上，我听一位演讲者说过同样的故事，几乎和你的一字不差。事实上，她演讲的内容和你的也非常相似。她也谈到了 AAA 快车、失败 / 可用的话以及变通地终止。”

我很难过。这些都是我的故事和想法，我花了大量的时间来琢磨并调整它们。这个人竟然直接拿来为己所用，而且对我只字不提。那天晚上，心情跌落到谷底的我打电话给一位同是演讲者的朋友，寻求建议。

玛吉说：“山姆，你必须决定如何处理这件事，因为在我们这个领域里，这样的事经常发生。”她问我：“你每年会做多少次演讲？”“大概七十五次吧。”我回答。“平均而言，你的听众人数是多少？”“三千到三万人不等。”我略微估计了一下。玛吉想了想，然后说：“那就意味着每年至少有两万五千人听过你的演讲信息。由此，你必须要想到其中有些人可能会拿走你的技巧，宣称那是他们的。你可以选择找到他们，追索权利，给他们念《取缔暴动法》；或者，你也可以祝福他们。”

“你为什么会从事这一行？”玛吉又问。“为了让尽可能多的人向积极的方向转变。”我回答说。“那么，”她接着说，“如果有人转述了你的故事，人们从中获益，这难道不就是你想要的结果吗？你可以选择表现得很小气，宣布这是你私有的，可那只会让你看起来显得神经兮兮。你将会一直担忧有人盗取你的理念。”

“与此相反的是，你何不选择让自己成为一个富足的源泉，将自己的材料慷慨地倾囊相授，鼓励人们将它传递下去。从长远来看，这不失为一个更好的传播方法。”

从那之后，我又遇到过好几次机会去实践玛吉宣讲的道理（所有演说者和作家都会这样做），事实证明她是对的。无论你从事何种职业，你总是会遇到一些人寡廉鲜耻地盗用你的成果。假如你选择了下坡路，执着于此，最终你只会折磨自己，把宝贵的时间浪费在宣告主权的战斗中。相反，你不妨选择阳关大道，分享你的成果，专注于如何增加其价值，并且保持“友善待人”的态度。正如睿智的玛吉所说，这不失为一个更好的方法。

延伸的阿罗哈

充满爱的心灵就是最真的智慧。

——查尔斯·狄更斯

夏威夷人有其独特的描述善良的方式——他们称之为“阿罗哈”。在夏威夷，人们在见面或分别时都会送上一句温馨的“阿罗哈”，意为“对他人无私且亲切的关心”。阿罗哈是无条件的爱。玛丽·居里相信：“个体不进步，建造一个更好的世界的希望就无法实现。基于这个目标，我们每个人都必须为了自我进步而努力。与此同时，我们应该担负起全人类的普遍职责，并且将帮助那些认为自己能够变得更加有用的人视为个人的特殊任务。”

按照她自己的描述，梅是一名疲惫不堪的巴士司机。她自己掏钱来上我的舌功学研讨班，因为她担心自己撑不到三年后的退休。她坦白说：“我需要上课。人们每天都会问我要硬币，可他们面前明明就有一个偌大的告示牌说明我们不提供零钱兑换。我厌倦也受够了这一切。我要在交通高峰期驾驶巴士，可总是有人会把一张地图伸到我面前向我问路。我们的乘车规则不允许旅行包和推车上车，为此我常常会招来人们的大吼大叫。青少年会在车上把音箱的声音开得很大，因为他们知道我不敢阻止他们。我该怎么办？我就像是在一个动物园里。”

研讨班快结束的时候，就在我提到维克多·弗兰克的人生观及皮格马利翁效应之后，这位为城市工作了多年的员工站起来，说道：“我已经忘了从什么时候开始放弃了阿罗哈精神，可是我不喜欢现在的我。我知道如何阻止乘客的粗鲁表现。现在我要阻止自己再如此粗鲁地对待他们。"

梅是个细心的人。事后，她写了封信告知我她的进展情况。"过去，我常常都会强迫自己去上班，现在我期待开工。我开始带着鲜花花环上班，有时候我还会把它送给看上去喜欢它并会对它善加利用的人。昨天，我亲自把它戴到了一位常常自己乘车的老太太的脖子上。她说她觉得自己就像'当了一天女王'，而且说她已经好多年没有收到过礼物了。前天，我把花环送给了一对日本夫妇，他们请其他乘客帮他们拍了一张与'友好的巴士司机'的合影。这些花环已经成为了我的符号，它们提醒我要带着'阿罗哈'去工作和生活。而你知道吗？我也真的从其他人那儿收到了'阿罗哈'。"

正如这位女巴士司机惊喜地发现的那样，要想改变他人对你的态度，最好的办法就是改变你对待他们的态度。她选择将"阿罗哈"送出去的决定丰富了她以及她所接触过的每一个人的世界。

如何创造一个善良的茧

如果你想要培养一种品质，可以装成你已经拥有它。尝试"好像"的技巧吧。

——**威廉·詹姆斯**

不确定自己是否拥有这种慈善精神？正如耐克那句著名的广告语所说："只管去做！"

刚开始，没有参照物能够检查你的行为到底是"淘气"还是"好"。如果你想说的话或做的事不够宽宏大量，请保持沉默。宽宏大量的定义是"使人能够冷静忍受困难，蔑视卑鄙和报复，并且能够为了值得的目的做出牺牲的崇高精神以及慷慨的思想”。

现在，请大家再重新将它读一遍，因为它总结了舌功学的全部精髓。下定决心用你的个人人生观取代心中那些不够宽容的思想吧。通过将其替换成“我选择做一个友善的人”或“我要保持冷静和同情心”来驱赶那些怀恨在心的举措。让“你想如何去做”填满你的脑袋，而不再沉溺于怨恨的情感之中。

一位瑜伽老师通过使用“好像”技巧实现了内心的宁静。她以自己的老师（睿智的老师，真正的“天生的”老师）为榜样，最终她也能向外辐射静谧的能量了。她说无论何时，只要陷入困境，她就问自己，老师会如何回应，然后按照老师的方式去做。她注意到，他从不气恼，似乎永远都保持着一种高雅的状态。高雅被定义为“轻松承受，一种体贴周全且充满关切的品质或状态，散播友善”。她常常听到一种表达：“放弃优雅。”于是，她决定将与这含义恰恰相反的一句话作为自己的人生观：“坠入优雅。”

将一位值得尊敬的导师作为自己的榜样能够帮助你更快地获得一种技能，这个方法已经通过了时间的检验。尤吉·贝拉曾说（好像他能做到一样），“看能让你观察到许多”。通过观察一个内心平衡且镇静的人，你将学到很多。你身边有谁能够做到在火烧眉毛时依旧能冷静以对吗？如果你正面临困境，不妨采用他／她的方法，按照他们的方式去做。

培养你的气

你如何看待西方文明？

——记者提问

我觉得是个不错的主意。

——圣雄甘地的回答

在一次研讨会上，一名工程师发言说："对我而言，这听上去就像是个新纪元。你难道没有什么实际一点的方法可用，使我们的血压可以不用坐过山车？"

问得好！学习瑜伽、进行冥想练习以及学习温和的合气道武艺都是培养宁静心态的好方法。此外，你还可以用另外两种特殊的技巧帮助自己在混乱时刻保持镇静。

有这样一句话："对付爆脾气的最好办法就是长走。"当你马上就要发作又无法进行长走的时候，请深深地吸一口气，然后慢慢呼出来。不规则的浅呼吸会带来一种恐慌、困惑的思想状态。瑜伽大师和武术师都学会了有节奏地深呼吸，从而使他们能够掌控自己的气和性情。他们知道只要呼吸急促，他们就会感到不适，并且很快就会失控。

你只需每天花五分钟时间集中精神练习就能学会腹式呼吸法。找一个安静的地方，移除所有分心的事物，将你的全副身心都集中在呼吸吐纳上。吸气时，用鼻子将空气慢慢吸入体内，填满整个腹腔，吸气的过程持续四次心跳的时间。接着，正如合气道大师光一建议的："将气体挤出体内，使你呼出的气体能够达到天堂边缘。起初，你可能会有些不适，可只要你坚持这个练习，你就能达到这样一种境界：全然忘记自己的身躯，进入一个除了呼吸什么都没有的空无的宁静世界。"

你是不是很纳闷：这怎么能够帮助你处理危机呢？腹式呼吸法是一种能够抵消人类天生的逃跑或战斗反应的实际方法。形式化的呼吸会使你获得生理上（你的脉搏和血压将会下降）及心理上（你的思想将会保持平稳，变得宁静）的放松感。如果你对此表示怀疑，不妨一试。你不会有任何损失，除了恐惧。

成为守住心中一点的人

每个人都需要从内心寻找平静。真实的平静必须不受外界环境的干扰。

——圣雄甘地

武术大师们知道，假如他们在“他们的头脑中”，就会注意力不集中，处于一种不稳定的状态。遇到袭击时，如果靠脖子以上的部分决定如何回击，他们的心理及生理都会失衡，从而受到更强大力量的伤害。

因此，他们学会了将意识下移，“在腹中完成思考”。“心中那一点”从古时候开始就被认为是人类力量的源泉。当你能够守住自己“心中那一点”时，你就会有一种居中平衡，牢牢立稳脚跟的感觉。这听起来可能有些晦涩，可是千百年来武术大师们一直在练习如何守住“心中那一点”，这也是帮助他们保持镇静，能应对人世间最悲惨一面的精粹。

也许，你曾目睹过这样的一幕：一名武术大师邀请几位观众上台，让他们竭尽全力将他推倒或是将他举起来。起初，当他没有控制住“心中那一点”的时候，观众们很容易就能完成任务。他们只需用一根手指发力一戳，大师就会向后退一步；又或是，两名观众稍一用力就能把他抬起来。

之后，大师将思绪下沉，将身体重量沉于丹田（另一个武术名词，即位于小腹的身体重力中心）。这时，他站得非常稳固，台上的观众即使用尽全力也无法推动他或是让他的身体离开地面。

当然，你不必为了掌握如何守住“心中那一点”而专程去接受武术训练。我的两个儿子第一次接触合气道就掌握了这一点。他们惊讶于这一概念的简单，与此同时，他们也对其衍生出的技艺心存敬畏，他们惊呼：“这真的有效！”他们迫不及待地要把这一技能带回学校，这样当他们再次遇到操场恶霸时就再也不怕会被打倒在地了。通过将自己集中于一点，他们就能避免成为易受控制的人，也不会再被故意找麻烦的大孩子打倒了。

从现在开始，当你面对挑战时，不妨在将精神集中于心中一点的同时配合上腹部的呼吸动作，并从中汲取精神能量，将“阿罗哈”延伸出去。无伦他人如何对待你，通过选择用善良来杀死人们这一方式，你就能决定你在这个世界上想要走的路，而不是将决定权交到他人手中。托马斯·卡莱尔曾给出过这样的总结词：“没有善良，真正的快乐也将不复存在。”你决定向善的精神力量将会对你的每次人际接触产生积极的影响，并且为你的日常生活创造出更多欢乐。

用善良杀死他们的行动方案

你住的这栋楼里有一个脾气古怪的女人，她似乎总是对这个世界很不满，整天怒气冲冲。她暴躁的性格让人有点难以接受，有时候你也想无情地叫她闭嘴。你尽可能地避开她，可是她时不时就会在大厅或电梯里与你相遇，对你恶语相向。你该选择如何应对这个“不怀好意”（正如西塞罗所说的）的人？

失败的话	可用的话
你蔑视她的行为，并将这一观念明显地表现在你对她的回应中。 “真是个女巫。她能让兔子都跳起来咬人。”	你选择对她以礼相待，哪怕她不会回报你的礼遇。 “我会保持友善和同情心——无论她会怎样。”
你以“以牙还牙”的方式设置了一个消极的飞去来器，最后落回到自己身上。 “女士，你是我见过的最不招人待见的人。你为什么就不能好好生活，别再……”	你通过将自己放到她的角度上这样的方式设置了一个积极的飞去来器。 “我敢打赌她一定没有朋友，她肯定很孤单。”

续表

你允许她影响你，带着阴气做出回应，结果催生出敌意。 “我才不要站在这里，听这些没用的废话。你为什么就不能把你那些抱怨留给自己呢？”	你保持你善意的茧，继续散发积极的阳气。 “我要通过缓慢而深沉的呼吸让自己的注意力保持集中。我选择做一个‘阿罗哈’人。”

结束语

将目的转化为行动

人们常常会将自己是什么人归咎于环境。我不相信环境。有些人会站起来，在环境中寻找他们想要的，如果找不到他们就选择创造，这种人最终会出人头地。

——乔治·伯纳德·肖

你是否曾经在看完一本书后感觉动力十足，随时准备冲出去改变这个世界，可两周后，所有的一切又重新回归原点？当你看完本书后，请不要让这样的事情发生。

我的工作被称为行动研讨会，因为我相信教育的目标不是知识，而是行动。在未加利用前，信息不具备任何能量。

看到这里，你是不是在想“可我不知道该从何开始”？疑惑使人停滞，清晰导向行动。最后这一部分的目标就是帮助你弄清楚优先次序，从而使你能够将它们付诸行动。

识别优先次序

如果你不知从何开始，你就不会迈出第一步。

——乔治·S·巴顿将军

当然，你无法一下子掌握书中所有建议。更理智的做法是选择两则最重要的概念，清楚明确地写出你打算如何利用它们的计划，然后将这份计划张贴在醒目的位置，使它能够经常提醒你别忘了采用新的沟通方式。

正如流水线的创始人亨利·福特所说："在没被拆分前，任何事都不会显得特别困难。"只要将这些技巧一点一滴地融入到你的日常生活中，慢慢增加其含量，你就能成为一名舌功学黑带高手。

请回顾一下本书的内容。快速浏览后，挑出最适合现在的你的两条理念。写下你喜欢它的原因（譬如"我喜欢回应而非反驳这个理念，因为它能帮助我在面对孩子时做一个更好的聆听者"）。如果你手中的书来自图书馆，你可以把这几页复印下来，填写好空白处的内容，或是在你的舌功学日历的封面上创建一个你自己的行动方案。

优先理念 1

我喜欢____

____

____

因为____

____

____

优先理念 2

我喜欢____

____

____

因为____

____

____

将知识变成力量

知道还不够，我们必须应用。有意愿还不够，我们必须去做。

——**歌德**

现在，清楚明确地写下你会如何将这些原则应用于实际。例如，当我不知道该说什么的时候，我会说："你的意思是？"这样我就不会说出任何让我后悔的话。或者当有人向我喋喋不休地抱怨时，我会登上 AAA 快车，而不是解释到底哪里出了问题。又或者，我要把"我要保持自己的幽默感——无论发生何事"作为我的人生观，这样我就不会让任何人毁了属于我的一天。

请确保你的方案里包含所有的关键点（谁、什么事、何时、为何以及地点）。你列出的行动方案越详细，你实施它的可能性就越大。

实施优先理念 1 的行动方案：我打算____________________

____

____

实施优先理念 2 的行动方案：我打算____________________

____

____

穿越悲观，坚持到底

有志者事竟成。

——《后汉书》

你现在是否正在想："我不确定我能否改变自己的习惯。"海伦·凯勒从生活中获悉："只要我们坚持的时间足够长，我们就能做到任何我们想做的事情。"

我始终记得，有一次我正在研讨会上演讲，刚刚说完可用的话/失败的话。当我说完一些引发词之后，一个男人颤抖着举起手说："我一直都在用这些词语！今天早上，我一句话里就包含了所有词语！"

他又接着解释说："我告诉我的总工程师，这个周末他必须得加班修理一些电子故障。他说不行，因为他的父母届时会从另一个城市过来，他们已经安排好周末的计划了。我告诉他：'呃，我很抱歉这个周末的工作与你的私人安排有冲突，可你必须来，因为你是唯一了解这个系统的人。你应该早点告诉我们你来不了。现在，我一点办法也没有。我没法叫其他人，因为他们根本不熟悉系统。'"

他极其懊悔地摇了摇头。"我们真的就陷入僵局了。那我现在该怎么办，把这些词写在我的手掌里？我记不住这些能说和不能说的话。"

他是对的：要想改变那些根深蒂固的习惯的确是一个极大的挑战。我问与会的学员，他们是否愿意尝试一种已经证实只需三步就能掌握一项新技能的练习。如果你愿意花三十秒完成这个简单的任务，你也能克服心中任何可能出现的疑虑。

获取技能的 3A 法

如果一开始你不成功，那说明你刚达到一般人水平。

——无名氏

请用你最漂亮的字写下这句话："我精于舌功学。"（再提醒一次，如果你手中的书来自图书馆，请写在另一张纸上。）

____

现在，用另一只手写下相同的句子。

____

用另一只手写字的感觉如何？你写的第二句话看起来又如何？大多数人都承认用不常用的那只手写字不仅花费的时间更多，而且相当不舒服。

可这样做的意义何在？你是不是承认写字是一种技能？打网球呢？还有用电脑呢？当然，这些都属于技能的范畴。人们不是生下来就会做这些事情，他们必须通过循序渐进地学习才能掌握它们。在掌握任何一项技能的过程中，人们都需要经历三个阶段。当你第二次写下那个句子的时候，你就在亲身体验接受任意新习惯的第一阶段。有趣的是，学习的三个阶段都可以用字母 A 开头的词语来概括。

A = Awkward（别扭）。当你尝试新事物或难办的事情时，你的表现通常都不太好。还记得你第一次驾驶手动挡汽车时的情景吗？无论是启动、停车或是减速时，汽车是不是都像被鞭子抽过一样，在踉跄中前进？当时，你没有因为沮丧而放弃（"我再也不开车了"），相反，你一再让自己放宽心，告诉自己表现差是意料之中的事情（"我开得当然不会太好，我以前从没开过车"）。你想获得这项技能，所以你坚持练习，而这也使你得以进入学习的下一个阶段。

A = Applying（应用）。在这个阶段，你正在应用刚刚学到的技能，并不断取得进步。你踩油门、刹车和离合器的动作逐渐协调，换挡时也不再那么生硬。你能够顺利、安全地通过十字路口和拐弯。你想成为一个驾驶技术更熟练的司机，所以你继续练习基本操作。

A = Automatic（自如）。到了这个阶段，你甚至无需思考自己做的事情，因为一切都是那么自然。你已经是一名经验丰富的司机，可以一边驾车从 A 地驶往 B 地，一边聊天、调收音机——非常安全，而且无需去思考整个驾驶过程。所有基本操作都是在下意识中高效完成。

练习，耐心终将获得回报

失败是一条最缺乏耐性的路。

——无名氏

你是否在想："这些和舌功学有什么关系？"你难道不认为舌功学也是一种技能吗？和所有技能一样，要掌握它也需要时间。一开始用"而"代替"可是"也许会让你觉得很别扭。你可能还会因为说出自己想要的而感觉不自在，因为一直以来你给人的印象都是随和、随大流。也许，你有时还会发脾气，忘记自己要用充满同情的善意对待周遭事物。但这并不代表你就失败了。这也不意味着舌功学不起作用，更不代表你无法掌握这项技能。这只是意味着你正处于改变旧习惯、掌握新习惯的第一阶段。

萨奇·佩吉说过这样一番妙语："有时候你赢，有时候你输，有时候你会遇到下雨延期。"在别扭的第一阶段，当你得到的是不尽如人意的结果时，请不要放弃。坚持！给自己一点耐心，继续应用你从本书中发现的那些技巧。你会发现在面对难相处的人时你开始变得越来越自信。你最终将会到达第三阶段，届时，只要遇到充满压力的环境，你就会自动启用舌功学。

舌功学是一件副产品

幸福不是目标。它是一件副产品。

——埃莉诺·罗斯福

舌功学不是目标，它是学习并使用本书中各个理念所得到的一件副产品。我知道你需要消化的内容很多，所以我创造了一个舌功学（Tongue Fu！）首字母缩写词使你记住能够帮助你将矛盾转化成合作的八大关键概念。

T = Therapist's tool（治疗师的工具）——反应，不要反驳；聆听，不要长篇大论。

O = Open mind（敞开的心怀）——给人们一个机会，重新开始。

N = Needs（需求）——保持天平的平衡，说不。

G = Gracefully exit（优雅地退出）——用"我们别这样"终止争吵。

U = Understand（理解）——用"我的感受如何"将愤怒转化为共情。

E = End complaints（终止抱怨）——不解释，登上 AAA 快车。

F = Friendly phrases（友好的话语）——使用可用的话将怨恨转变成和谐。

U = Use your philosophy（使用你的人生观）——保持积极的人生观——无论如何！

食谱并不能带来曲奇饼干

要改变一个人的生活，请即刻开始，并且大张旗鼓，没有例外。

——威廉·詹姆斯

我知道，只要你愿意，这本解决争端的"食谱书"就一定能起作用！正如托马斯·爱迪生所说："我们最大的弱点就是放弃。最笃定的成功之法就是尝试一次又一次。"我希望你能一直尝试着用变通的方法去卸除难相处的人们的武装，我也希望你永远都不要放弃你要用善良杀死人们的承诺。

阿德莱·史蒂文森曾建议人们："仅仅只有知识还不够。只有带着宽宏大量的心去学习才能将它变成智慧。"约翰·罗斯金也注意到了类似的道理，他曾说过这样的话："当爱与技巧同行时，请期待杰作的诞生。"

我希望你能每天都坚持练习这些舌功学技巧，并带着宽宏大量的爱心将它们扩散出去。如果你做到了，你就能成为和平大师。